Heidi Howcroft

*Geschichten
übers Leben
im Garten-Paradies
England*

Deutsche Verlags-Anstalt

Dank

Ohne die freundliche Aufnahme in Queen Camel und North Cadbury wäre meine Einführung in das englische Leben nicht so reibungslos vonstatten gegangen. An dieser Stelle möchte ich allen Vereinen und ihren Mitgliedern danken, vor allem der Queen Camel & District Horticultural Society, der North Cadbury & District Horticultural Society, dem Queen Camel Womens Institute sowie der North Cadbury Women's Group. Ein besonderer Dank gilt Ted und April Moran, die den Begriff Dienstleistung mit Lächeln auf eine neue Ebene gestellt haben. Liz Cullis pflegte nicht nur meinen Garten in meiner Abwesenheit, sondern teilte auch viele Gartenerlebnisse mit mir. Hierfür möchte ich mich bedanken.

Der Anstoß, über mein Leben in England zu schreiben, kam von verschiedenen Seiten, unter anderem durch meine Tätigkeit bei der Reederei Deilmann. Angefeuert durch das Interesse der Gartengruppen versuchten wir stets, hinter die Kulissen und über die Gartenzäune zu schauen, um die Gärten besser zu verstehen und das Geheimnis vom Leben in England zu lüften. Danke, dass ich mit Ihnen reisen durfte. In puncto Gartenreisen möchte ich Cary Goode, der ehemaligen Besitzerin von Border Lines, für ihre inspirierenden Gartenreisen danken.

Bücher zu schreiben ist alles andere als eine einsame Tätigkeit, ich sehe mich als Mitglied eines Teams. Mein Dank geht an Roland Thomas, der bereits viele Jahre mit mir zusammenarbeitet und den Mut hatte, dieses Buch zu veröffentlichen. Das Cover ist ein ganz wesentlicher Beitrag zum Erfolg eines Buchs. Binette Schroeder hat den Ton und die Stimmung in ihren Illustrationen hervorragend getroffen. An sie geht mein herzlicher Dank für ihren Einsatz und Enthusiasmus.

Zum Schluss möchte ich allen Gartenbesitzern danken, die mir Einlass in ihre Gärten gewährt haben, die mich mit Tee beglückten, Tipps austauschten und mir so viel Freude bereitet haben.

Inhalt

Der Traum vom rosenbewachsenen Cottage
9

Von der »Henne« bestimmt
17

Von Hausnummern und dem Dorfladen
25

Dorfleben und Feste
34

Die Straße zum Westen
41

Gärten der A303
51

Der Garten ist der neue Liebhaber
57

Fortbildung im Winter – der Gartenclub
68

Unterhaltung auf Frauenart –
das Fraueninstitut von Queen Camel
74

Der Chauvinist und sein Garten
82

Etwas für Pflanzenliebhaber –
der jährliche Pflanzenmarkt in Yarlington House
87

Der perfekte englische Sommer –
Rosen, Erdbeeren und Champagner
93

Mit den Damen von Queen Camel unterwegs –
ein Besuch in SKH Prinz Charles' Garten Highgrove
99

Spaten beim Ritz
110

Garten-Safaris – die neue Sonntagsbeschäftigung
118

Was zieht ein(e) Gärtner(in) an? –
die Frage der Bekleidung
125

Die jährliche Leistungsschau –
der Kampf um die größte Zwiebel
132

Überraschender Besuch – mit den Tieren leben
140

Im tiefsten Dorset – exklusive Gartenausflüge mit Border Lines
ETAPPE 1: EIN GARTEN AUF DEM LAND
148
ETAPPE 2: MITTAGS AN DER KÜSTE
157
ETAPPE 3: NACHMITTAGS ZUM TEE BEI MARTIN LANE FOX
164

Der Garten als Bühne – Fête champêtre bei Stourhead
(wie zu Zeiten Ludwigs XIV.)
172

Afternoon Tea mit Kay bei Castle Howard
179

Bei der Queen zum Tee – ein Besuch im Garten
von Buckingham Palace
188

Eine Hommage an den besten Tea Room –
Hadspen Garden, wie er einmal war
195

Die Kraft der Magnolien – der jährliche Besuch
bei Caerhays Castle Gardens
200

Lückenfüller, Schnittkunst und Schlösser
208

Käse vom Bauern – wo es den besten Cheddar gibt
215

Englische Rosen und französische Beziehungen
222

Die Apfelgärten von Somerset
232

Der Traum vom rosenbewachsenen Cottage

Ende der 90er Jahre, als ich nach 18 Jahren Aufenthalt in Deutschland nach England zurückkehrte, war dies der reinste Kulturschock für mich. Es war, als ob ich ein fremdes Land betreten hätte. Das England meiner Jugend war verschwunden. Zwei Jahrzehnte lang war ich nur als Besucher im Land, schaute meine Lieblingsgärten an, kaufte »Englisches«, hauptsächlich Teebeutel und Unterwäsche, bei Marks & Spencer ein und verbrachte viel Zeit in Buchläden. Das politische und wirtschaftliche Leben bekam ich während meiner Stippvisiten nur am Rande mit, ebenso wie die Kluft zwischen Land und Großstadt oder das soziale Gefälle von Nord nach Süd. Um alles noch interessanter zu machen, habe ich das Leben in einer Metropole hinter mir gelassen und habe das Glück auf dem Land gesucht, weit weg von meinen eigentlichen Wurzeln im industriellen Nordwestengland. Statt das Umfeld mit einer Million Einwohnern zu teilen, waren es nunmehr 289, und selbst wenn man alle Kühe, Schafe, Hühner und Hunde dazuzählen würde, wäre es schwierig gewesen, eine vierstellige Zahl zu erreichen.

Schuld an allem war Rosamunde Pilcher, »The Lamb Inn« in Burford und The Royal Navy, insbesondere aber James Bond.

Fiktive Pralinenschachtelbilder von England, wo alle Männer Gentlemen sind, Rosen an sämtlichen Häusern hochranken, Afternoon Tea gang und gäbe ist, Smoking zum Dinner angezogen wird und wo Tradition noch geschätzt und großgeschrieben wurde: ein Wunschbild, das in der Regel zwischen den Seiten eines Romans bleibt und als »absolut unrealisierbar« eingestuft wird. Jetzt sitze ich in einem alten Cottage voller Charakter, absolut unpraktisch, aber wunderbar, verheiratet mit einem Marineoffizier, der jetzt einen Schreibtisch in London »steuert«. Wie es sich gehört und ganz nach englischer Tradition, haben wir neben unserem Haus auf dem Lande ein »pied à terre« in der Stadt, eine treffende Bezeichnung für eine Miniwohnung in London. Denn die Dienstwohnung ist in der Tat nicht mehr als ein Fußstapfen auf kostbarem Londoner Boden. Während mein Mann unter der Woche seine Nadelstreifen-»Uniform« samt hochpolierten Schuhen trägt, habe ich die schicken Bürokleider und eleganten Stöckelschuhe gegen dicke Wollpullis, bequeme Flanellhosen und Gummistiefel ausgetauscht und darf nunmehr das Landidyll erleben.

Seit meinem ersten Ausflug in den 60er Jahren nach Burford in den Cotswolds, eingezwängt auf dem harten Rücksitz eines VW-Käfers, war es mein heißersehnter Traum, in einem honigfarbenen Naturstein-Cottage mit Rosen um die Haustür zu wohnen. Über die Jahre zog es mich wiederholt nach Burford zum »The Lamb Inn« in der Sheep Street. Während meiner Münchener Zeit war der Ort ein wichtiger Anlaufpunkt für Gartenreisen, ein Zuhause, wenn auch nur für wenige Tage, wo ich in »Englisches« eintauchen konnte. Damals waren die Einzelzimmer zur Straße gelegen, ohne Bad, aber mit Fenstersitz und pinkfarbenen Kletterrosen vorm Fenster. Mit Chintzvorhängen – ein mit Blumen- und pflanzlichen Motiven bedruckter Baumwollstoff, überzogen mit einer leicht glänzenden Schicht, der fast nur in England zu finden ist – und spiegelglatt polierten Holzmöbeln war das Ambiente perfekt. Auch ohne vor die Haustür zu gehen, spürte man schon die Vorliebe für das Gärtnerische. Sheep Street selber war ein Genuss. Die Häuser an der Nordseite, dazu gehörte auch eine alte Brauerei, liegen eng an eng direkt an der Straße aufgereiht. Trotz des fehlenden Vorgartens wird für Grün gesorgt, Kübel mit Buchskugeln, stämmigen Glyzinen und Rosen schmücken die Fassaden. Gegenüber, an der etwas höher liegenden Südseite, stehen die prächtigen Häuser mit einer teppichartigen Rasenfläche wie eine Art öffentlicher Vorgarten. Versteckt hinter den Bauten sind lange und schmale Gärten, die einmal im Jahr, zum »Garden Open Day« ihre Pforten öffnen. Keiner der Gärten ist spektakulär, noch unbedingt erinnerungswürdig, aber sie verkörpern den Geist des »englischen Country Garden«, frei von Allüren, mit Patina, eindeutig geliebt und gerade deswegen interessant. Ich habe mir damals schon Prospekte von Immobilienmaklern zukommen lassen mit der Vorstellung, vielleicht doch irgendwann da wohnen zu können. Damals stimmte entweder der Preis oder die Zeit nicht. Hätte ich zugeschlagen, wäre ich jetzt Millionärin! Was mich zurückblickend vom Kauf abgehalten hat, war die Welt von Cotswolds selber. Sie war zu lieblich, zu vornehm und beinahe zu perfekt.

North Cadbury, südlich der Cotswolds in Somerset, ist eine Verlängerung des Landschaftszugs, der sich von Oxford über Cirencester, Tetbury und Bath bis Shepton Mallet zieht, eine Gegend, die von Natursteinarchitektur und der hügeligen Landschaft geprägt ist. Die Blütezeit dieser Ecke von Südwest-England war Ende des 16. und während des 17. Jahrhunderts, als die Tudors und später die Stuarts regierten. Über Oliver Cromwell wird wenig gesprochen, seine Zeit an der Macht wird oft nur beiläufig erwähnt, eine Episode der Geschichte, die jeder, insbesondere im katholischen Südwesten, überspringen möchte. Wolle war ein wichtiger Rohstoff und wurde zu Höchstpreisen gehandelt. Wohlhabende Landbesitzer und Bauern ließen sich Häuser und Wirtschaftsbauten errichten, je nach Wohlstand und Status in schön bearbeiteten Natursteinblöcken mit Knirschfugen verlegt oder mit etwas minderwertigen, aber nicht weniger schönen Gesteinsblöcken, die nur an einer Seite bearbeitet wurden. Dazu kamen Naturstein-Fensterrahmen, vom Steinmetz bearbeitet, Bleiverglasung mit kleinen rautenförmigen oder rechteckigen Glasscheiben und stabile Eichenholzhaustüren. Das Gestein, stets aus naheliegenden Steinbrüchen, war entscheidend für das Erscheinungsbild der Dörfer und Städte, denn die Bauten passten sowohl in Farbe als auch Textur einfach zur Landschaft. In Süd-Somerset war es ein honiggoldfarbener jurassischer Kalkstein mit geringem Lehmanteil, im Volksmund einfach »Hamstone«, nach dem Hauptabbaugebiet in der Nähe von Montacute House, genannt. In North Cadbury kam auch Hadspen Stone zum Einsatz, eine Nuance tiefer in der Farbgebung, etwas weicher und daher nur in kleinen Blöcken erhältlich, was eine rustikale Ausführungsart verlangte. Eines haben alle diese Gebäude gemeinsam: Statt die Fassaden hinter einem Vorhang von Kletterpflanzen zu verstecken, wurde pflanzliches Beiwerk mit Bedacht ausgewählt. Rosen, eindeutige Favoriten, prägen das Bild und sorgen für das liebliche, das englische Flair.

Ein Hauskauf sollte sachlich und ohne Emotionen erfolgen. Die Realität ist oft anders. Man verliebt sich oder sieht bereits das »fertige« Produkt, ohne mit den Zwischenphasen zu rechnen. So war es bei »The Dairy House«. Hier war die Möglichkeit, den Cottage-Traum zu verwirklichen und den englischen Lebensstil zu erleben. Der schmale, erhöhte Vorgarten von Dairy House war zwar cottagemäßig bepflanzt mit weißen riesigen Chrysanthemen, Taglilien, Astern und Fenchel. Eine Ecke war auch von einer wildwüchsigen Clematis erobert, ein buntes, wenn auch chaotisches Sammelsurium von Stauden. Rosen, ein unverzichtbarer Bestandteil jedes englischen Gartens, fehlten. Einziger Vertreter dieser klassischen Pflanzen war eine prächtige, ausladende, fast baumartige Strauchrose, ein Flüchtling der Feldhecken, die sich im Hausgarten etabliert hat und riesige Proportionen annahm. Wesentlich schwerwiegender als der Rosenmangel war die Anordnung des Vorgartens selbst. Er war nur zu einer Seite des Anwesens angelegt mit der Konsequenz, dass die Haustür überhaupt nicht zum Anwesen zugehörig erschien. Grund für dieses merkwürdige Erscheinungsbild war die stückchenweise Teilung des ehemaligen Bauernhofes. Bis Anfang der 70er Jahre war Dairy House ein großes Anwesen, bestehend aus dem Wohntrakt aus den 1660er bis 1680er Jahren, das heute noch den ursprünglichen Namen trägt, und der Käserei, die Mitte des 19. Jahrhunderts angebaut wurde.

Jeder im Dorf scheint irgendwann hier gewohnt, gearbeitet und gespeist zu haben. Einige ältere Herren erzählen von der Käserei als einem Raum mit einem großen Loch in der Decke, durch das die Käselaibe befördert wurden, um in den umlaufenden Regalen gelagert zu werden. Oben baumelte auch der

Boxbock, und es wurde als große Herausforderung und Mutprobe der Jungen angesehen, hier zu üben. Später, als die Käserei unrentabel wurde, schloss man das Loch mit massiven T-Trägern und der Raum wurde zur Schulmensa umfunktioniert. Bis zu den 70er Jahren marschierten die Kinder mittags in Schlangen den Hügel hinauf und hinab. Die Endscheidung, The Dairy House in zwei Wohneinheiten zu teilen, hätte kaum zu einem unglücklicheren Zeitpunkt fallen können. Denkmalschutz war nicht aktuell, Altes war verpönt und man modernisierte voller Elan. Dabei wurde zum Glück alle Energie auf die ehemalige Käserei gelenkt, an der schon heftig gebastelt wurde.

Das Resultat war schrecklich. Mit Anbauten und neuen Fenstern und Türen »verbessert«, glücklicherweise im rechten Winkel zur Straße, hatte die Nordfassade etwas von einer städtischen Arztpraxis an sich. An der Straßenseite wurde, außer an den Fenstern, kaum etwas verändert. Die breiten Steinstufen zur Haustür des Hauptbaus, der auch unter Denkmalschutz stand, lagen im rechten Winkel zur Fassade und führten direkt unterhalb der Wohnzimmerfenster des »neuen« Anwesens vorbei. Jeder, der hinaufstieg, konnte hineinschauen. Plötzlich war die Zuordnung der Haustür schwierig, gehörte sie zum Dairy House oder zur neuen Einheit, Peacock Cottage? Bis zum Zeitpunkt unserer Übernahme verwendete man einfach die Küchentür als Haupteingang, und Besucher, die vorn klopften, wurden ignoriert. Um dieses Dilemma ein für alle Mal aus der Welt zu schaffen, reichte ich einen Plan ein, in dem die Stufen zugunsten des Straßenbilds um 180 Grad gedreht wurden. Das obere Podest blieb unverändert, der ehemalige Verlauf der Stufen wurde in ein Pflanzbeet, eingefasst von einer Natursteinstützmauer, verwandelt und die

Anzahl der Stufen auf vier statt sieben samt Zwischenpodest reduziert. Flankiert von Beeten auf beiden Seiten bekam das Haus wieder Gleichgewicht. Somit wurde die Tür gerahmt und gehört nunmehr eindeutig zum Dairy House. Auch der Nachbar profitierte vom grünen Gürtel. Per Zufall fanden wir bei der Ausführungsarbeit Spuren einer alten Stufenanlage, massive Blocksteine, die einfach mit Erde zugeschüttet waren, die aber direkt im 90°-Winkel von der Haustür zur Straße liefen. Instinktiv hatten wir annähernd den Urzustand wiederhergestellt.

Mit nunmehr zwei Beeten war die Chance, eine gute und passende Gestaltung zu erzielen, größer. Inspiriert von den knallorangen Montbretien entschied ich mich für warme, sogar heiße Farben, die sich insbesondere bei den Rosen widerspiegeln sollten: scharlachrote 'Paul's Scarlet Climber' hinter rein gelben 'Graham Thomas'-Hochstämmen und blassgelben kleinblühenden 'Malvern Hills' direkt neben der Haustür, die zwischen und um den Feuerdorn *Pyracantha* 'Orange Glow' wachsen dürfen. Um dem Ganzen Halt zu geben, pflanzte ich einen Gürtel von Buchsbaumpflänzchen, betont durch Kugelbuchs an jeder Ecke. Bei der Pflanzarbeit entdeckte ich kaum 2 Meter von der Hausfassade entfernt die Reste einer riesigen Eibe, die enorme Ausmaße gehabt haben muss. Eine Postkarte, veröffentlicht in *From Parson's Quarter to Purgatory**, geschrieben von unserem Dorfhistoriker Sam Miller, lieferte die Antwort. Hier stand früher als Pendant zur Henne (davon mehr im nächsten Kapitel) eine Eibe in Pfauen-Form, der Kopf zeigte zum Haus, der Schwanz bilde-

---

* S.W. Miller, *From Parson's Quarter to Purgatory*, Dickins Printers, Castle Cary, 1988

te eine Brücke über die Straße. Bis Mitte der 80er Jahre lebten Pfau und Verkehr in Harmonie. Der Pfau, der bis zur Dachrinne reichte, bekam einen jährlichen Schnitt und der Verkehr passte sich an, bis schließlich ein vorbeieilender Lkw-Fahrer den Schwanz mitnahm. Für den Pfau bedeutete es das Aus.

Obwohl bekannterweise Eiben stark zurückgeschnitten werden können, wurde die Entscheidung getroffen, sie zu fällen. Dass die Stube stets dunkel war, spielte dabei sicherlich auch eine Rolle. Ein alter Rosmarin, der einfach zwischen den Wurzeln der Eibe Fuß gefasst hatte und eindeutig den Lebensgeist nicht aufgeben wollte, gab Anlass zu einer Fortsetzung des Formschnitts und das Kugelmotiv, das sich inzwischen über den Vorgarten streut. Die dicken, festen Buchskugeln an den Ecken der Beete wurden jeweils mit einem lockeren, wuschelkopfähnlichen Rosmarin, der mit Vorliebe weit über die niedrige Natursteinstützmauer in den Gehweg hinausragte, ergänzt. Jeder, der vorbeigeht, wird vom markanten mediterranen Rosmarinduft begrüßt.

Nur die Hunde meiden die Ecken und ziehen schnell daran vorbei, etwas, was ich nur empfehlen kann. Englische Immobilienmakler sprechen gern vom »Bordstein-Blick«, dem äußerlichen Erscheinungsbild, das wie eine Visitenkarte wirkt. Allein ausgehend von der Anzahl von Pkws, die nunmehr im Schritttempo vorbeifahren, ist es uns gelungen, dem Haus einen würdigen Rahmen zu geben.

Von der »Henne« bestimmt

Auch wenn das denkmalgeschützte Natursteinhaus aus der Mitte des 17. Jahrhunderts mit Eichenholz-Wendeltreppe bis zum zweiten Stock, der Blick von den oberen Räumen auf Glastonbury Tor und die Hügel von Devon im Westen mich zum Kauf des Hauses gelockt haben, war die »Henne« im Garten der entscheidende Faktor. Über 4 Meter hoch, rundlich, wie ein riesiges Küken, war die Buchsbaumform unwiderstehlich. Der Garten war verwildert, das Küken aber gepflegt. Hier war genau das, was ich mir seit meiner Kindheit immer gewünscht hatte, mein eigenes Stück »Topiary« – ein wahres Prachtexemplar geschnittener Heckenkunst.

Der Grund meiner Begeisterung waren weniger die zahlreichen Gärten, die ich über die Jahre besucht hatte, noch die herrschenden Modetrends für alles Geschnittene, sondern mein Lieblingskinderbuch *The Little White Horse**, geschrieben von Elizabeth Goudge. Darin kam ein Garten im Westen von England mit Heckenschnittfiguren vor, der mich einfach faszinierte. Dort im fiktiven Garten waren die Pflanzen in kuriosen Gestal-

---
* Elizabeth Goudge, *The Little White Horse*, London, 1946

ten geschnitten und hatten etwas Mysteriöses, Urtümliches, aber dennoch etwas alteingesessen Englisches an sich. Kein Wunder, dass die Henne so eine Wirkung auf mich ausübte. Hier war ein Stück Gartengeschichte, eine wahre Gartenantike, vermutlich so alt wie das Haus. James Lynch, der Vorbesitzer des Hauses, war der erste Retter, brachte den Buchsbaum wieder in Form, und jetzt war ich an der Reihe und hatte einen Ausgangspunkt für einen ganz anderen Gartentyp als die modernen, zweckorientierten Anlagen, die ich zur Münchener Zeit entwarf. Verspielt romantisch war endlich an der Reihe.

Während der Vorgarten schnell Form annahm, war es im Garten selber eine andere Geschichte. Das Haus war wenigstens leer geräumt, aber der Garten schien in eine flächendeckende, undurchdringliche grüne Hülle verpackt zu sein. Die einzige Lichtung war die mittige Rasenfläche, die den Anschein gab, sie sei aus dem Chaos herausgeschnitzt. Der Garten drängte bis zum Haus heran mit nur einem schmalen Natursteinweg, der zwischen Hauswand und Stützmauer wie eine Gasse wirkte. Zu beiden Seiten des rechteckigen Gartens ragte die Vegetation hoch: Gehölze, die einfach ohne Halt wachsen durften und nunmehr ein Dickicht bildeten. Brombeeren und Brennnesseln waren in der Überzahl. Wir brauchten nicht weit wandern, um die Früchte für unsere Marmelade zu ernten. Beim besten Willen war es schwer zu sehen, was wirklich da war. Sichtbar waren nur Relikte, zwei alte Apfelbäume der früheren Streuobstwiese und der Buchsbaum. Alles andere war versteckt. Die Rettung kam in Form eines ehemaligen rhodesischen Söldners. Ein begabter Steinmetz, der trotz seiner bescheidenen Größe enorme Kräfte und Energie bewies. Wichtiger noch, er hatte Zugang zu einem

Traktoranhänger, mit dem wir den grünen Unrat abtransportieren konnten. Unterstützt durch meinen Mann, der ein enormes Talent für destruktive Arbeit und Vorliebe fürs Umgraben zeigte, fing die Rodung an. Mit jeder Schubkarre wurde klar, dass der Garten lange Jahre als Müllhalde gedient hatte. Statt ein Dornröschenschloss unter den Brombeeren und Efeu-Lianen zu finden, gab es Metallstühle, diverses Werkzeug unterschiedlichster Größe, einen Fuhrpark von Spielzeugautos, ganze Regimenter von Spielzeugfiguren, Büchsen und Flaschen, sogar Tierknochen und einen Schafschädel. War die Oberfläche geräumt, ging es in der Tiefe los. Das spaghettiähnliche Wurzelwerk von Ackerwinden musste entfernt werden, wie alles andere, das sich in der Erde versteckte. Nichts ist besser und gründlicher als altmodische Handarbeit, um pflanzliche Feinde zu verbannen. Die Kontur einer Böschung offenbarte sich ebenso wie Natursteinstützmauern, die kleine Terrassen formten. Am Ende des Gartens war ein merkwürdiger Hügel, der etwas von einer urzeitlichen neolithischen Grabstätte, einem »Long Barrow« an sich hatte, und bei den anderen »Fundstätten« war die Spekulation groß. War es ein Grab oder einfach ein Erdhaufen? Zur Erleichterung aller, die inzwischen auf alles gefasst waren, erwies es sich nur als Erde, die irgendwann dort deponiert und offensichtlich vergessen wurde und jetzt leicht im Garten zu verteilen war.

Eine größere Arbeit stand noch bevor. Bei starkem Regenschauer verwandelte sich der Weg am Haus zum Rinnsal und führte das Oberflächenwasser direkt in die Küche oder zum benachbarten Schuppen. Hier hatte ich anfangs, in Unkenntnis, dass irgendjemand so etwas Grundsätzliches wie Entwässerung ignorieren konnte, sämtliche Kisten, auch mit Büchern gefüllt, aufgestapelt. Beim ersten großen Regenguss, als sich ein Teich vor der Küchentür bildete und bis in den Schuppen reichte, musste ich meinem eigenen Rat (schließlich habe ich mehrere Bücher zum Thema Pflaster geschrieben) folgen und das Gefälle vom Haus wegführen lassen und für einen wasserdurchlässigen Unterbau sorgen.

Mein Mann, Martin der Söldner und meine jüngste Tochter als Lehrling machten sich an die Arbeit. Die Natursteinstützmauer und Stufen im Garten wurden demoliert, das Material beiseite gestellt und die Vegetationsfläche 2 Meter zurückgedrängt. Der Storchschnabel-Saum, der wie ein ungepflegter Pony über die Mauer hing, wurde verpflanzt. Es reichte nicht, den Boden bis auf das Niveau des vorhandenen Wegs abzutragen. Wir mussten tiefer gehen, den Weg selber beseitigen und mindestens 80 Zentimeter tiefer graben. Vom schwarzen fruchtbaren Boden ging es in klebrige, schmierige Lehmbänder über. Nach Unmengen Bechern »Bauarbeiter«-Tee, schwärzer und stärker als üblich, war die Fläche in eine Grube verwandelt. Es sprach sich herum, dass sich im »Kate's House« etwas tut – noch war das Haus nicht wirklich das unsere. Die Rede war von einem Schwimmbecken oder gar einem Teich und ob die Neuen sich wirklich auskannten. Wer es nicht bereits erlebt hat, lernt schnell, dass Boden sich im Volumen wie Schaum, wenn er einmal aus dem Behältnis gelassen wird, vervielfältigt. Genauso war es bei uns der Fall, die verhältnismäßig kleine Fläche lieferte unendliche Kubikmeter. Schlepper um Schlepper, gefüllt mit Unterboden wurden an den Wochenenden 5 Meilen entlang der Landstraßen per Traktor zu einem Bauernhof gekarrt und dort abgeladen.

Als die Vorarbeit geleistet war, kam Martins Expertise an die

Reihe, der Grund warum man ihm seine Eigenartigkeit (und Räusche) verzeiht. Martin war eine Nummer für sich, unabhängig und stolz, von seiner bunten Vergangenheit geprägt, mit Geschichten, die an die Grenzen der Glaubwürdigkeit gehen. Ein begabter Einzelgänger, der seinen Platz im Leben suchte, waren Wespen seine größten Feinde. Einmal gestochen fiel er ins Koma und musste sofort ins Krankenhaus. Eine Freundin von mir, der Martin regelmäßig aushalf, hatte die Telefonnummer des Rettungsdienstes auf Schnellruf im Telefon eingespeichert, da sie oft davon Gebrauch machen musste. Dank unserer »Wespenwache«, gewissenhaft von den Mädchen ausgeführt, kam es bei uns nie dazu. Martins Leistungen im Garten sind nicht zu unterschätzen, er brachte Vorschläge ein, sah das Potenzial im Gestein und verwendete Material, das vor Ort lag. Wir mussten nur Kies und sauberen Schotter kaufen, der Garten lieferte Naturstein genug, manchmal kam es mir wie der reinste Baustoffhandel vor. Die neue Stützmauer mit eingebauter Sitzbank entwickelte sich wie selbstverständlich aus den Stufen und sah aus, als ob sie immer dort gewesen wäre. Der Garten wurde luftiger, die Proportionen stimmten und das Oberflächenwasserproblem wurde gelöst.

Wo war ich während dieser Aktion? Eingesperrt im Haus mit Ausgang nur zur Oberaufsicht. Obgleich die bauliche Substanz gut war, konnte man nicht das Gleiche von der Sauberkeit behaupten. Putzen, Schrubben, Putzen und wieder Putzen war angesagt. 15 Jahre Dreck mussten bewältigt werden. Später lernte ich, dass etwas Staub, zwar in kleineren Mengen, einfach zum Cottage gehört. Aber wie jedes gut erzogene deutsche Mädchen, und hier kamen meine deutschen Wurzeln deutlich zum Vorschein, gehört ein gründlicher Putz einfach zur Haushaltsordnung. So vergingen Spätsommer und Herbst in einer einzigen ausgedehnten Säuberungsaktion.

Nach dem Zweckmäßigen kam die Frage der Gestaltung. Blickachsen und optische Täuschungen waren gefragt. Die Henne, die stolz, aber verloren im Rasen stand, bekam eine Einfassung, ein niedriges Band von Buchsbäumen, das in einer Arabeske vor dem Baum schwenkt und in einer kleinen punktartigen Kugel endet. Zur linken Seite, etwas vorgesetzt, wurde eine 2,20 Meter hohe Blutbuchenhecke als raumteilende Scheibe gepflanzt. Hinter der Henne, parallel zum Holzzaun, eine Reihe Rotbuchen, die eine neutrale Kulisse bilden. Wichtig dabei war nicht nur die Staffelung, sondern auch die Abfolge von Farben, der Purpur beziehungsweise das Herbstlaub der Hecke, zu der vorerst ins frische Grün, dann ins dunkle Grün übergehenden Henne vor der Buchenhecke. Eine einfache Gestaltung mit großer Wirkung, die nun das passende Beiwerk bräuchte.

Jetzt kamen Rosen an die Reihe: 'Rambling Rector' im Apfelbaum, als zweite »Apfelblüte« und später mit ihren kleinen traubenartigen Hagebutten als Andenken an die Mostäpfel, die schon längst zu Mus verarbeitet wurden. Neben dem Gartenschuppen am Ende des Gartens, entlang des Gitterzauns, die rosafarbene Ecke, 'Raubritter' neben der gallischen Rose 'Jenny Duval', auch 'President de Sèze' genannt, und am Ende zur angrenzenden Streuobstwiese die treue blassrosa 'New Dawn'. Die Rosen, ausgewählt nicht nur wegen ihrer Farbe und Standfestigkeit, haben alle Erinnerungen in mir erweckt. 'New Dawn', eine Rose, die ich, wenn passend, in jeden Garten, den ich plante, setzte. 'Raubritter' in Andenken an Christian Winklers fantastische Rosenlaube in seinem Garten bei Oldenburg, übersät mit fast fuchsienfarbigen Blüten, und 'Jenny Duval', stets verbunden mit einer wunderschönen England-Gartenreise mit Freunden, wo ich erstmals die zauberhafte 'Jenny' in New Mills Garten entdeckt habe. Gegenüber davon 'Maigold', die zu meinem Pflanzrepertoire seit Zeiten der IGA 83 gehört, wo ich ganze Bänder von den 'Golds' pflanzen durfte. 'Albéric Barbier' sollte als dezenter, romantischer Farbklecks vor der Buchenhecke und hinter der Henne dienen. Er wurde bestellt, geliefert (wenigstens dem Schild nach) und gepflanzt. Was aber wuchs, war eine 'Albertine' mit lachsfarbenen Blüten, statt hellgelben, und, wie der Zufall es will, von einer bewundernswerten Wuchskraft gezeichnet.

Bis ich nach North Cadbury zog, wusste ich nicht, dass Kühe, insbesondere Jungtiere, eine Vorliebe für Rosenknospen haben. Die Apfelstreuobstwiese, angrenzend am linken Zipfel des Gartens, wird nicht gemäht, sondern dient als Weide, in den ersten Jahren für Schafe und dann, als der Hirte nach Neuseeland auswanderte, für Kühe, vielmehr junge Stiere. Voller Energie und mit beachtlichem Appetit fressen die Jungtiere in Windeseile die Wiese ab und suchen nach Alternativen.

Ist der elektrische Zaun undicht oder nicht angeschaltet, machen die Mutigen den Sprung zu mir in den Garten. Sie kommen nie weiter als bis zu den Rosen, die sie dann mit verklärtem Blick genießen. Dies passiert immer an einem Sonntag, immer frühmorgens und immer, wenn ich noch im Nachthemd bin. Wenn ich es nicht besser wüsste, würde ich glauben, dass sie es darauf anlegen, mich in Morgenmantel und Gummistiefeln, einen großen Kochlöffel in der Hand, zu sehen. Nach den ersten Ängsten und hilflosem »In-der-Luft-Herumschwingen« – schließlich sind Stiere eben doch Stiere, auch wenn diese jung und sicherlich für den Kochtopf prädestiniert waren – wurde es beim zweiten Mal für mich schon zur Routine. Wenn ich es schaffte, einen Stier in Richtung Wiese zu drängen, damit er über den Zaun zurückspringt, folgten die anderen. Schlussendlich waren sie mit ihrem Gourmetfrühstück fertig. Also, wenn Sie auf dem Land leben, pflanzen Sie die Rosen nicht zu dicht an der Weide, es sei denn, sie wollen den Kühen eine Freude machen.

Von Hausnummern und dem Dorfladen

Erst als wir unser Haus bezogen hatten und die ersten Briefe bekamen, wurde uns bewusst, dass wir nicht nur ein Haus mit Garten, sondern auch eine Adresse gekauft hatten. Früher war eine gute Adresse wichtig für den sozialen Stellenwert, heute scheint dies durch eine schöne Anschrift ersetzt zu sein. Bei unserem Haus, »The Dairy House«, die Molkerei, erweckt nicht nur der Hausname, sondern auch die Kombination mit dem Ort North Cadbury und Grafschaft Somerset romantische Vorstellungen. Cadbury ist eine bekannte englische Schokoladenmarke und hat eine Zeit lang tatsächlich ihre Pralinenschachteln mit idyllischen ländlichen Szenen verziert. Somerset, eine Grafschaft, übersät mit Streuobstwiesen, Heimat des Glastonbury Festivals, bekannt für Molkerei-Produkte und voller Spuren der Artus-Legende, wird oft als das Alte England angesehen. So löst unsere Adresse bei sonst roboterähnlichen Callcenter-Damen Entzücken aus. Sie werden gesprächig und weichen vom Skript mit einem »Ist es so schön, wie es klingt« ab. Alles, was tatsächlich zur Vervollkommnung des (Traum-)Bilds fehlt, ist das Strohdach am Haus – es wurde Anfang des 20. Jahrhunderts abgetragen und durch Dachziegel ersetzt.

Eine ländliche Adresse ist weit mehr als nur postalische Zustellungsbezeichnung, sie sagt viel über den Ort aus und erzählt sogar Geschichten. Mit der sachlichen Kombination von Straße, Stadt und Postleitzahl, wie es auf dem kontinentalen Festland üblich ist, hat man es auf den Inseln nicht und erst recht nicht auf dem Land. Theoretisch gesehen würde Hausnummer, Straße und Postleitzahl für die Zustellung von Post völlig ausreichen. Man pflegt es aber anders, und wer noch Briefe schreibt, gibt alle Angaben samt Grafschaft an, selbstverständlich schräg nach unten verlaufend, und füllt dabei oft das ganze Kuvert.

Moderne Formblätter sind ungeeignet für alte Adressen, zwei Zeilen zuzüglich Angaben zum Land reichen einfach nicht aus. Als Erstes muss man bei der Hausnummer passen und alle Angaben in die vorgegebenen Zeilen einquetschen und aufs Beste hoffen. Unter diesen Umständen ist die Leistung der Dorfpostboten nicht zu unterschätzen. Er allein ist fähig, die Angaben zu entziffern, seine örtlichen Kenntnisse hinzuzufügen und alles korrekt zuzustellen. Etwas, was man erst merkt, wenn der vertraute Postbote in Urlaub ist und der Briefkasten (in unserem Fall die Fußmatte) leer ist oder voll von Post, die eines gemeinsam hat: »Dairy« irgendwo im Titel zu haben, aber nicht unbedingt nach North Cadbury zu gehören.

Die Frage der fehlenden oder konfusen Nummerierung fasziniert und frustriert viele zugleich. Sicherlich gibt es eine Doktorarbeit irgendwo zu diesem Thema, aber unter dem Motto »Was früher funktionierte, ist auch heute gut« werden Häuser nach wie vor getauft, nicht nummeriert. Während die neuen Namen etwas willkürlich erscheinen, beliebt sind Hybriden von Vornamen der Besitzer, sagen die älteren Hausnamen viel über die Geschichte und die Nutzung des Gebäudes aus. Sie tragen den Namen vom früheren Besitzer oder Pächter wie »Ferris's Cottage«, nach dem Gärtner von Trelissick Gardens genannt, oder der Tätigkeit, die dort ausgeübt wurde wie im Falle »The Smithy«, der Schmied, »Cobblers«, der Schuster, oder »The Bakehouse«, das Backhaus. Öfters wurden sie einfach nach den Pflanzen der Umgebung benannt. Immer noch an erster Stelle der beliebtesten Name ist »The Cottage«, gefolgt von »Rose Cottage« und dann mit etwas Abstand »Rosemary« oder »Yew Cottage«. Jeder kann sich sofort ein Bild machen.

Das Haus zu finden ist aber eine andere Sache, da die Namensschilder oft an schönen, aber absolut unpraktischen Stellen angebracht sind. Lieferanten erzählen gern von ihren Abenteuern, oft zu späten Stunden, in der Finsternis (mit Straßenbeleuchtung hat man es nicht so auf dem Land) überhaupt das Anwesen zu finden. Aber noch schwieriger, um überhaupt zu prüfen, ob man am richtigen Platz ist, gestaltet sich die Suche nach dem zugehörigen Namensschild. Im benachbarten Dorf Charlton Musgrove hat man Schritte unternommen, dieses Problem zu lösen. Da die Häuser sehr verstreut liegen, hängt ein Orientierungsplan samt Namen aller Anwesen neben dem Pub, eine hervorragende Idee.

Wenn Häuser Nummern tragen, gibt es keine Logik, wenigstens nicht in North Cadbury. Nur in den Neubausiedlungen herrscht Normalität. In den vier Straßen, die mit Hausnummern punktuell verstreut sind, behindern die Nummern. Nummer 30 und 31 Cary Road sind nebeneinander. Nummer 4 ist sechs Häuser entfernt, wie soll man sich da zurechtfinden? Auf der Woolsten Road stehen 4, 5 und 6 (der Laden) nebeneinander, das nächste Haus trägt weder Schild noch Nummer (jeder weiß schließlich, dass es »The Red House« ist) und gleich im Anschluss folgen Nummer 7 und 8 Woolston Road. Die Freude, dass man endlich den Durchblick hat, ist von kurzer Dauer, denn plötzlich erreicht man Nummer 21.

Was ist mit den Zwischenzahlen, sind sie einfach verschwunden oder wollte man für künftige Bebauung vorsorgen, obwohl es überhaupt keinen Platz gibt? Niemand weiß dies so richtig, es ist eben so. Die Bereinigung der Hausnummern ist, ebenso wie in vielen anderen englischen Dörfern, bis hierher nicht durchgedrungen. Statt des im 19. Jahrhundert eingeführten nachvollziehbaren Systems, stadtauswärts mit den Nummern beginnend, rechts gerade Zahlen, links ungerade, wurden die Hausnummern einfach der Reihe nach entlang einer Straße verteilt bis zum Ende der Bebauung und dann in umgekehrter Richtung auf der gegenüberliegenden Straßenseite fortgesetzt. Eine eventuelle künftige Bebauung wurde nicht außer Acht gelassen, und Lücken wurden mit Nummern versehen, die aber in den Archiven verstauben.

Für das alltägliche Leben bedeutet dies, dass man, bevor man losfährt, ganz genau wissen muss, wo sich das Ziel befindet, und jede Einladung muss stets mit einer genauen Anfahrtsangabe begleitet werden. Im Zweifelsfall, statt sich auf GPS zu verlassen, hilft nur eines: im Pub, bei der Post oder im Laden nachzufragen. Altmodisch, aber sicher, denn wer der Computerstimme folgt, wird in unserem Fall in eine enge Landstraße Richtung Kläranlage geschickt, und wenn »Sie haben Ihr Ziel erreicht« kommt, ist es eindeutig: Man ist allein, umgeben von Feldern mit keinen Bauten in Sichtweite.

Das wahre Zentrum des Dorflebens ist »The Village Shop*«, meisterhaft von Ted und April Moran geführt. An sieben Tagen der Woche geöffnet, nur am ersten Weihnachtsfeiertag geschlossen, bekommt man nicht nur alles, was man braucht, sondern mehr. Es ist hier, wo man erfährt, was los ist, man trifft sich beim Kartoffelsack – Estima aus den Feldern um North Cadbury – oder vor Teds Theke und hält ein Schwätzchen beim Warten. Ted, ein ehemaliger Wirt aus dem East End von London, bringt etwas Menschliches und Persönliches, kennt jeden beim Namen, weiß um die besonderen Eigenschaften und Wünsche seiner Kunden und kann vieles vorausahnen. Von April, seiner Frau, unserer »Postmistress«, erhielten wir schöne Briefmarken, etwas Seltenes im Zeitalter von frankierten Aufklebern, kauften unsere Euros, die älteren Herrschaften holten ihre Rente ab und wurden durch April in die neue Technologie des Kartenlesers eingeführt.

Die Post und somit Aprils fachkundige Beratung sind aber eine Sache der Vergangenheit. Im Zuge der Rationalisierung wurden die Dienste unseres Postamts durch ein rollendes Postamt ersetzt, das zu bestimmten Zeiten vorfährt, aber nicht dann, wenn man es braucht. Alles ist aber nicht verloren, gewöhnliche Postgeschäfte wie Briefmarken kaufen und kleine Pakete schicken können nach wie vor über den Laden abgewickelt werden. Ted hat zu diesem Zweck einen Schnellkurs in Sachen Post bei April gemacht. Für alles andere gibt es den Postwagen, wo angeblich sieben Kunden Platz haben. Wer dies berechnet hat,

---

* North Cadbury Village Stores, 6 Woolston Road, North Cadbury BA22 7DW, www.montgomerycheese.co.uk

muss Fotomodels als Muster genommen haben, denn auch wenn der Stuhl (von einer der Teilzeit-Postangestellten für die älteren Kunden von zu Hause mitgebracht) entfernt wird, ist nur Raum für vier (gut befreundete) Kunden. In der Tat wird der Wagen als Einzelkabine gehandhabt und man wartet draußen. Muss etwas gewogen werden, ist es wichtig, sich sehr still zu halten, denn bei jeder Bewegung flattern die Zahlen der Waage. Am schlimmsten sind vorbeifahrende landwirtschaftliche Fahrzeuge, die sehr interessante (und höhere) Gewichtsschwankungen erzielen. Dass der Postwagen kein Fortschritt, sondern ein Rückschritt ist, wurde beim Aufruf der über 150 Anwohner, die sich alle in der Beratungsrunde in der Gemeindehalle getroffen haben, deutlich. Jetzt denkt man anders über die Schließung von solch wichtigen ländlichen Einrichtungen. Aber für North Cadbury, wie auch für andere Dörfer und Stadtteile in Somerset, ist es zu spät.

Trotz des Wegfalls der Post ist »North Cadbury Village Stores« immer noch wirtschaftlich rentabel, und das ist eindeutig ein Verdienst von Ted und April. Was den Laden weiterhin auszeichnet, ist die Verbindung mit der Familie Montgomery. Sie bewirtschaftet nicht nur die Ländereien ringsherum, sondern ist wichtig für den Erhalt von North Cadbury. Geführt von zwei Brüdern unter den Adleraugen ihrer über 90-jährigen Mutter ist es die Essenz eines Familienbetriebs. Archie ist verantwortlich für den Acker und bauliche Entwicklung, sein jüngerer Bruder Jamie für die Weiden, die Molkerei, die Käserei und die dazugehörigen Kühe. Sie stellen auch sicher, dass es einen Laden im Dorf gibt. Etwas, was North Cadbury von den meisten Nachbarorten unterscheidet, die inzwischen zu Schlafstädten geworden sind.

Ted und April sind nur Pächter auf Zeit, ausgesucht nach einer landesweiten Ausschreibung. Ihr Vorgänger hat es geschafft, den Laden so herunterzuwirtschaften, dass man ihn nur im Notfall besuchte. Somit hatten die beiden, die im gleichen Jahr zugezogen sind wie ich, eine enorme Aufgabe. Sie waren fremd, Großstädter, und hatten kaum Kunden. Jetzt ist der Laden ein Vorzeigeobjekt für Kundenbetreuung und Marktwirtschaft. Alles andere als modrig und staubig, gutbestückt mit Lebensnotwendigem und Schmankerln hebt er sich eindeutig von der Norm ab. Wo sonst gibt es ein gutes, wenn auch kleines Sortiment von lokalem Käse, aufbewahrt bei richtiger Temperatur, Dorset Ham und Bacon, Traditionelles, wie Gentlemen's Relish (ein Aufstrich mit Sardellengeschmack), Somerset-Honig und sämtliche Rohrzuckersorten – wichtig für das Einkochen oder Kuchenbacken – sowie gewöhnliche Lebens- und Haushaltsmittel? Neben vorbestellten Waren wird auch eine kleine Auswahl an Fleisch und Würsten vom örtlichen Metzger geliefert, die immer jahreszeitlich variieren. Grillzeit ist angekündigt, wenn Ted ein Hawaiihemd trägt und Andrew Barclay Lamb-Kebabs und interessante Grillwürste sowie Äpfel und Schweinsbratwürste liefert.

In Sommer gibt es auch Stachelbeeren, abgepackt in Plastiktüten, aufgereiht an der Theke, der Erlös geht stets an Wohltätigkeitsvereine, und geschmackvolle Erd- und Himbeeren von der kleinen »Vale of Camelot«-Obstplantage. Dazu gibt es dicke, nicht-pasteurisierte Sahne, in einfacher (zum Gießen) oder doppelter (zum Löffeln) Ausführung von Jersey-Kühen von Claude Wadmans Bauernhof, Elliscombe Farm bei Holton. Mit solch einem Angebot ist es, als ob das Beste aus der Region nur für uns zusammengetragen würde. Hinten im Garten hat Ted einen riesigen Feigenbaum, der in guten Jahren überladen mit Früchten ist. Ein begeisterter Hobbykoch, ein Grund, warum der Laden so gut bestückt mit Zutaten ist, sucht er immer neue Rezepte für die Verwertung der Feigen. Sein bester Vorschlag bisher ist ein alt-englisches Rezept für »Lemon Posset« mit gegrillter Feige, entnommen aus Rick Steins Kochbuch *Food Heroes**. Als Feigenfans kennen meine Töchter Teds Feigenbaum ebenso in- und auswendig wie das Angebot im Laden, und je nach Laune bringen sie einen Ziegenbrie oder Sahne und Zitronen nach Hause. Hinter der Theke, unterhalb der Regale mit Zigaretten, Alkohol und Pralinenschachteln, ist ein gerahmtes, signiertes Foto von Ted mit Jamie Oliver, seinem Helden, der nach North Cadbury kam, um die Käserei zu besuchen, und natürlich eine Stippvisite im Laden machte. Dass die Bürger von North Cadbury sich gut ernähren, war aus dem Angebot deutlich zu erkennen.

Wenn es einen Orden für Dienstleistung gäbe, dann stünden April und Ted an erster Stelle. Der Laden hat auch einen Lieferdienst, was lebensnotwendig ist für die älteren Herrschaften im Dorf, die sich insbesondere im Winter oft nicht aus dem Haus trauen. Ein Anruf genügt und schon ist Ted in der Mittagspause unterwegs. Sonderwünsche werden so weit wie möglich auch erledigt, von Großpackungen von Waschpulver bis hin zu Säcken von Haferflocken, wie im Großhandel angeboten, kann auch dies besorgt werden.

Wo Teds Künste wirklich gefragt sind, ist an Weihnachten. Bereits ab Anfang September steht der kleine Weihnachtsmann

---

* Rick Stein, *Food Heroes*, BBC, London, 2005

und gibt die Anzahl der Tage bis zum großen Fest an. Immer der gute Geschäftsmann, füllt Ted den Laden mit allem, was man braucht und mehr, denn er liefert alles, was zum Weihnachtsfest gehört, inzwischen an mehrere Haushalte, vom Christbaum bis zum Truthahn nebst allen Beilagen. Und falls man vergessen hat, was man im Vorjahr kaufte, hat er alles in seiner Kartei vermerkt. Wer wenig Lagerplatz zu Hause hat, kann sogar die Abholung der Ware, vor allem die großen Fleischstücke und Geflügel, staffeln, denn nicht nur was man braucht, sondern auch wann wird in einem Doppelakt von Andrew Barclays Metzgerei und dem Laden organisiert.

Am Heiligen Abend ist der Laden besonders voll, die Stimmung dank Ted und April mit einem Dankeschön an alle Kunden, einem Sherry am Vormittag und Portwein am Nachmittag, besonders feierlich. Manche finden eine Ausrede, zweimal hinzugehen, was nur gut für die Geschäfte ist. Wer braucht bei so einem Service noch Harrods?

Dorfleben und Feste

Mit dem Haus kam auch eine Eintrittskarte zum Leben im Dorf. Die Vorbesitzer, Kate und James Lynch, beide begabte Künstler und sehr aktiv in der örtlichen Kulturszene (Theater-, Musik- und Kunstgruppen), haben den Weg vorbereitet, trotzdem war es eine steile Lernkurve. Es ist eine andere Welt, etwas, von dem Stadtbewohner träumen, und wo man, wenn man nicht dort aufgewachsen ist, automatisch alte Filme oder Fernsehsendungen als Referenzpunkte nimmt. Miss Marple scheint überall zu sein, und manchmal hat man wirklich das Gefühl, in einem Roman mitzuspielen. Ist man auch ein (heimlicher) Rosamunde-Pilcher-Fernsehfilmfan, so kommt einem alles noch unwirklicher vor, man scheint in einer Filmkulisse zu wohnen, und nicht nur das Umfeld, sondern auch mancher Mitbewohner ist wie aus dem Film gepflückt.

Die zwei Freeman-Schwestern, von allen immer schon so genannt, fuhren bis ins hohe Alter die wenigen Meter bis zum Dorfladen mit ihrem alten Austin Morris. Korrekt, adrett und stets mit Hut bekleidet, waren sie ein Doppelakt: Die eine Schwester, die fahren konnte, sah schlecht, die andere fuhr nicht, hatte aber gute Augen. Statt wie Relikte aus früherer Zeit angesehen zu werden, waren sie hochgeschätzt und wichtige Mitglieder der Dorfgemeinschaft. Sie, wie Cecil Dickens, ein Nachfahre von Charles Dickens, der ebenfalls im Dorf wohnte und ein Lederköfferchen zum Einkaufen mitzunehmen pflegte, waren Träger der Tradition und ein Beweis, dass sich nicht alles ändern muss. Mehr als das trugen sie zum lokalen Kolorit bei.

Auch wenn alle höflich grüßen, sich über das Wetter und den Zustand der Straßen austauschen, gibt es unausgesprochene Hierarchien, die man erst nach Jahren durchschaut. Jeder kennt seinen Platz, nur der Außenseiter nicht. Sie rumpeln voller Elan und Energie wie ein Elefant in den Porzellanladen hinein und merken schnell, dass alles etwas gemütlicher und langsamer zugeht und dass vor allem unsichtbare Barrieren nicht überschritten werden dürfen. Vom vierten Gang auf den ersten, höchstens zweiten Gang herunterzuschalten ist nicht einfach, wenn man Großstadttempo gewöhnt ist. Statt vieles zu bewegen, muss der Neuling einfach teilnehmen, ruhig zuschauen, zwischen den Gruppen und Vereinen pendeln, bis er seine Nische findet und entdeckt, wo die Grenzen sind.

Ein unentbehrlicher Wegweiser zum Geschehen im Dorf ist das Monatsheft. Im benachbarten Queen Camel heißt es »Camelot«, in North Cadbury »Excalibur«. Absolut passende Namen, denn die Artuslegende ist verwurzelt in der Landschaft, und wenn auch nicht immer historisch nachvollziehbar, gehört sie zum Charme von Süd-Somerset. Im Kleingedruckten steht alles und mehr von dem, was man wissen muss, wie die Namen der Vereine und wann sie tagen, Kurzberichte über Veranstaltungen, die Uhrzeiten von Gottesdiensten in den vielen Kirchen der Umgebung, Inserate über Sonderveranstaltungen und für Handwerksfirmen und, wenn zutreffend, als Beilage eine Kurzfassung des Protokolls des Gemeinderats. All dies für einen Unkostenbeitrag von drei Pfund im Jahr.

Die Vereine und Interessengruppen bestimmen und führen das Leben, sie sind der Motor, der alles bewegt. Hier werden kleine Reiche geschaffen, wo endlich mit fester Hand regiert werden darf. Jede Organisation spricht eine andere Gesellschaftsschicht an, welche, wird erst klar, wenn man an einer Veranstaltung teilnimmt. Die Frauengruppe klingt fortschriftlich, ist aber das Gegenteil und besteht hauptsächlich aus Hausfrauen eines bestimmten Alters, die stets höflich und aufrichtig für Werte stehen, die in der Großstadt schon lange vergessen sind. Bis vor Kurzem waren sie unter der Obhut des Women's Institute, bis sie wegen überraschender, vorher nicht angekündigter Beitragserhöhung, um eine Monatszeitschrift zu finanzieren, einstimmig mit großer Empörung ausgetreten sind. Mit Ausnahme des Berichts des Landesverbands und der Bestimmung über die Beitragsgebühren läuft alles unverändert: ein monatliches Treffen mit Tagesordnung, Meldungen und Gastvortrag und zum Schluss eine Tasse Tee.

Alles, was Rang und Namen hat, ist im Camelot Conservatives. Hier trifft man sich beim Drink oder Afternoon Tea, sammelt auf sehr feine Art Spenden – ein Korb beim Ausgang – und unterhält sich prächtig. Politik steht nicht im Vordergrund, mehr der Kontakt untereinander und der Zusammenhalt im sozialen Gefüge. Am anderen Ende des Alterspegels ist die Krabbelgruppe, eine Macht für sich, die sich einmal wöchentlich zusammenfindet. Voll mit Energie und Ideen, haben die Mütter den Spielplatz, der aus der Zeit des Baus der Gemeindehalle stammt und Generationen von Dorfkindern erfreute, mit einer kleinkindfreundlichen Ausstattung erneuert. Auf der alten, skischanzenartigen Rutsche ist zwar niemand zu Schaden gekommen, ebenso wenig auf dem Karussell, noch auf den Schaukeln, aber es wurde als zu gefährlich für die Kleinen deklariert und eine Spendenaktion wurde gestartet. Die alten, antiquarischen Teile wurden über eBay schnell von Sammlern erworben und Neues aus dem Katalog ausgesucht. Jetzt steht eine Miniaturausführung von allem, TÜV-geprüft, sicher und die meiste Zeit unbenützt, zur Verfügung. Von all den Gruppen deckt die Gartengruppe, die Horticultural Society, alle Gesellschaftsschichten ab. Hier treffen sich jeden dritten Mittwoch im Monat Frauen und Männer unterschiedlichster Alters- wie auch Einkommensgruppen, um mehr über die Gartenwelt zu erfahren und Gedanken und Erfahrungen auszutauschen. Dazu kommen die Ausflüge, mindestens einmal im Jahr, und das obligatorische Weihnachtsessen. Pflanzen verbinden. Boule-Spiel, Tennis und der Börsenklub gehören zum weiteren Angebot. Wer die Kirchenkonzerte und monatlichen Kinovorstellungen wie auch Darbietungen von Somerset »Take Art« mit abwechselnder Musik und literarischen Lesungen neben den regulären Treffen der Vereine in Anspruch nimmt, hat einen gefüllten Kalender und kann nicht klagen, dass im Dorf nichts los sei.

Was aber North Cadbury von anderen Gemeinden unterscheidet, ist die Präsenz und die Bedeutung der großen Bauernhöfe. Ganz im Hintergrund, dezent und unaufdringlich, führt die Familie Montgomery, seit Ende des 19. Jahrhunderts Besitzer von Cadbury Court, die angrenzenden Ländereien mit Samthandschuhen. Ohne die geringsten Anzeichen von Herrscher und Volk, sind die beiden Söhne viel zu viel mit den Feldern, Kühen und der Molkerei beschäftigt, als dass sie sich mit Feinheiten und Edlem auseinandersetzen könnten. Ihre Mutter, einfach Mrs. M. genannt, bewohnt drei Zimmer des beeindruckenden Cadbury Court, heizt nur, wenn notwendig, ist bescheiden, aber durch und durch eine Dame.

Überall im Dorf findet man die Spuren der Familie. Die Gemeindehalle, »The Village Hall« – auf Englisch klingt es einfach schöner, ein wunderschöner Bau, im Jahre 1932 von Mrs. M.s Vater mit eigener Bühne samt Umkleideräumen und angrenzendem Spiel- und Bolzplatz errichtet –, ist ein größerer Anziehungspunkt als die Kirche. Etwas, was der Kirchenbeirat natürlich abstreitet, denn er liegt im Tauziehen mit dem Gemeindehallenausschuss. Beide scheinen endlose Sitzungen abzuhalten mit dehnbaren Tagesordnungen, wo dieselben Personen scheinbar bereits jahrzehntelang das Sagen haben und als persönliche Schutzengel des Dorfs fungieren. Eine undankbare Tätigkeit, die trotz aller Kritik für Kontinuität sorgt und ein Angebot an Veranstaltungen für die allgemeine Unterhaltung zusammenstellt: Abendkonzerte bei Kerzenlicht in der Kirche, Weihnachts- und Ostermärkte in der Halle, Quiz- und Kinoabende, Computerkurse und Stretching bei Tag, gehören zum Angebot.

Jeder kann die Halle mieten, nur nicht die Jugendlichen für die Geburtstagsfeiern mit ihren Freunden. Während die Krabbelgruppe gern gesehen ist, scheinen Teenager auf der schwarzen Liste zu stehen. Außer Tennisstunden ist das Angebot für den Durchschnitts-Teenager gleich Null. Sie müssen sich selber amüsieren, aber bitte leise und unauffällig!

Es sind aber die Feste, die maßgeblich zur Lebensqualität

und zum Zusammenhalt des Dorfs beitragen. Jedes zweite Jahr kommt North Cadbury für wenige Stunden wirklich zusammen, die Familien mit Kindern, die Rentner, die Feldarbeiter, die Wochenendpendler, die Zugezogenen und sogar die Teenager. Der »Country Fair« ist ein wirklicher Höhepunkt, eine Kirmes im Kleinen. Mitglieder des Gartenklubs halten die Stellung beim Pflanzenverkauf, die Mütter basteln und verkaufen Kleinigkeiten für die Kinder, die Frauengruppe backt, kocht Tee und schmiert Scones. Die Montgomerys liefern Strohballen als Einfriedung für das Festareal, bestücken und polstern einen Lkw-Anhänger aus für das »Porzellanzerschmettern« und kommen immer mit neuartigen Ideen wie »Autorennen«, jedoch mit Fitnessrädern, die sie natürlich selber betreiben.

Traditionelle Spiele wie »Wirf den Gummistiefel«, eine ländliche Form von Diskuswerfen, und »Milchkannenrollen«, ein ungewöhnliches Hindernisrennen, wobei Milchkannen um und zwischen Verkehrshüten gegen die Uhr gerollt werden, gehören ebenso dazu wie das nicht politisch korrekte »Punch and Judy«-Kasperltheater. Wo Judy (Gretl) Punch (den Kasperl) immer verprügelt, der Hund mit den Würsten entflieht und der Polizist für Ordnung sorgt, eine alte Formel, die alle anzieht. Ein Loch wird in den Zaun gestochen und der Wirt des angrenzenden Wirtshauses, »The Catash Inn« betreibt, natürlich mit Lizenz, die Bar.

Ausgebreitet über zwei Tische, liegen die Beiträge der lautlosen Auktion: eine Ballonfahrt, ein Ausflug in einem »Oldtimer«, Eintrittskarten ins Flugzeugmuseum, ein Abendessen für vier, eine Stunde mit einem Imker und vieles mehr. Der »Bric-a-Brac«-Stand, meisterhaft geleitet von meiner Nachbarin Jean, gilt als Geheimtipp für Händler. Sofort erkennbar, peilen sie die schwerbeladenen Tische an und suchen unter dem Gerümpel Brauchbares heraus: Porzellan, alte Kochtöpfe, schöne Rahmen und Silber. Der Erlös, ebenso von allen anderen Ständen, geht zugunsten des Erhalts der Gemeindehalle und, wie es sich gehört, erhält einen Anteil auch die Dorfkirche. So profitieren alle vom Geschehen.

Die Straße zum Westen

Manche Autorouten sind weit mehr als nur eine Verbindung zwischen zwei Punkten, sie sind ein Erlebnis in sich selbst: die E45/E60 von Deutschland durch Österreich über den Brennerpass nach Italien, die M6 nördlich von Manchester zum Norden durch den Lake District und weiter nach Schottland und auch die A303. Alle diese Hauptverkehrsadern führen durch einmalige Landschaften, die einen auf das Ziel vorbereiten und für sich selbst eine Reise wert sind. Auch wenn es sich um neue Straßen handelt, beinhalten sie wenigstens in Etappen Verbindungsstrecken, die es seit eh und je gab. Auch trotz des teilweise nüchternen, modernen Ausbaus strahlen sie eine gewisse Romantik und vor allem Urlaubsstimmung aus. Keine Straße verkörpert dies besser, wenigstens in meinen Augen, als die A303, die Straße zum Westen. Sie ist weder Autobahn noch ausgebaute Bundesstraße und zu Urlaubszeiten von Staus gekennzeichnet, aber entlang dieser Strecke gibt es mehr historische Bauten und Ablenkungen als irgendwo sonst.

Dabei fängt die Route, von London oder vom Flughafen Heathrow kommend, nicht so vielversprechend an. Großstadtautobahnen, auf denen scheinbar die ganze Welt unterwegs ist, kennzeichnen die ersten 50 Kilometer. Für diejenigen mit Ziel A303 bedeutet es zunächst die Eroberung der M25, Weiterfahrt auf der M3 unter konstanter Beachtung der Geschwindigkeitsbegrenzung, Lkws und sonstigen Pendlerverkehrs. Erst wenn kurz vor Ausfahrt 8 das Schild »A303 The South West«, auftaucht, atmet man auf. Jetzt fängt der Urlaub oder, wenn man dort wohnt, die Zivilisation an. Außer Andover und Salisbury keine weitere Angaben, einfach der Südwesten. In der Umgangssprache spricht man einfach von »The West Country«, als ob es sich um ein eigenes Land handelt – ein Land mit einer unsichtbaren Grenze, das für viele mit der A303 beginnt.

Die zweispurige Ausfahrt geht in etwas Autobahnmäßiges über und schaut vorerst ganz gewöhnlich aus. Beim Anblick der ersten Radfahrer ist man perplex, erscheinen sie dann in Schwärmen, wie es zweimal im Jahr der Fall ist, meistens an einem Sonntagvormittag im Frühsommer, könnte man meinen, man sei in Frankreich.

Das ist aber erst der Beginn. Unwillkürlich wird man auf den Fahrspurnachbarn aufmerksam gemacht. Als seien sie verabredet, scheinen mehr Wohnwagen und Wohnmobile auf dieser Straße zu sein als sonst wo, vor allem VWs älteren Jahrgangs mit ihrer typischen Kastenbrotform und bunten Farben. Beladen mit Surfbrettern torkeln sie die Straße entlang, reduzieren die Durchschnittsgeschwindigkeit und zaubern ein Lächeln auf die sonst ernsten Gesichter. Welcher Audi-Fahrer wünscht sich in seinem Innersten nicht, ein Surfer zu sein? Auch die Anzahl von Volvos und Landrovern neueren und älteren Zulassungsdatums ist hoch, ebenso das Aufkommen von Pferdetransportern und Anhängern. Das Letztere dürfte nicht überraschen, denn wir befinden uns schließlich im Pferdeland, wo Reiten angeboren zu sein scheint, zum Leben gehört und nicht nur als Hobby angesehen wird. Mit dieser bunten Mischung von Begleitwagen, hin und wieder von Traktoren untermischt, setzt sich diese Route von den üblichen ab.

Kenner können die Jahreszeit und die Veranstaltungsart anhand der Konzentration und der Fahrzeugtypen ablesen. Newmarket- und Wincanton-Pferderennen an den edlen Karossen. Hiermit sind nicht etwa die Pkws gemeint, sondern die Pferdetransporter selber, die mit allem Nötigen und Unnötigem ausgestattet sind, sogar mit einem Guckfenster, welches das Pferd, der begleitende Stallbursche und Reiter benötigen. Alte, verrückte und gerade noch fahrtaugliche Fahrzeuge, oft durch schrille Farben und immer durch langsames Fahren gekennzeichnet, bedeuten Glastonbury-Musikfest. Die Anreise hierfür beginnt Anfang Juni, eine langsame, sich allmählich annähernde Pilgerfahrt mit vielen Zwischenstopps.

Vielfahrer meiden die Route am Karfreitag, dem Beginn der Osterferien, und auch an den langen Wochenenden um die Feiertage herum, wenn Sonne und Meer die Londoner nach Westen locken. An diesen so genannten »Bank-Holidays« zieht sich eine scheinbar endlos lange, silbrige, etwa 160 Kilometer lange Schlange nach Westen durch die Grafschaften von Hampshire, Wiltshire, Dorset, Somerset und Devon. Bei jedem Übergang in eine neue Grafschaft stehen Begrüßungsschilder und eine neue Strategie in der Verkehrspolitik, bemerkbar im sichtbaren Aufkommen der Polizei. Wiltshire ist besonders eifrig beim Einsatz ihrer festen und mobilen Kameras, während in Hampshire die Polizeiautos sich mit Vorliebe zwischen anderen langsam fahrenden Autos und Lkws einreihen. Somerset scheint spontan und nicht so gut ausgerüstet zu sein wie seine Nachbarn, oder es konzentriert sich einfach auf die M5-Autobahn, wo die wirklich flotten Fahrer vom Norden herunterrasen. Polizeipräsenz hat auch Vorteile. Wird die Geschwindigkeit begrenzt, kann man die Umgebung besser genießen, denn je weiter man nach Westen kommt, umso schöner und interessanter wird die Landschaft. Die Straße hat eindeutig etwas von der »guten alten Zeit«, nicht nur wegen des Polizeieinsatzes, sondern auch aufgrund ihres Stellenwerts im Verkehrsnetz. Die A303 ist schließlich nur die alternative Route von London nach Devon und Cornwall und die M4 und M5 werden immer von den Verkehrsorganisationen und GPS als die bevorzugte Option Richtung Südwesten angegeben. Über die Schnelligkeit der Routen kann man lang diskutieren, aber bewertet man nach Schönheit allein, gewinnt die M3/A303-Kombination jedes Mal.

Statt Autobahnraststätten gibt es noch Tankstellen mit Imbissstube oder in größerer Ausführung das »Little Chef«, am treffendsten als die britische Version des amerikanischen Diners zu beschreiben. »Zähl die Little Chefs« war lange Jahre ein beliebtes Spiel entlang dieser Strecke, bis einige verkauft wurden. Als eine britische Institution gehörten sie zu Autoreisen ebenso wie die Thermosflasche. Der Tee wurde größtenteils durch Kaffee ersetzt, das englische Frühstück durch McDonald's, aber Little Chef macht sich wieder stark, und dank des Einsatzes von Starkoch Heston Blumenthal erlebt es eine Renaissance.

Das Little-Chef-Restaurant Popham bei Andover direkt an der A303 wurde aufgefrischt, das Menü zurück zu den britischen Wurzeln gebracht und die Angestellten neu motiviert. Dass unter den vielen Filialen eine auf der A303 ausgesucht wurde für das Make-Over, ist kein Zufall – dass man sogar absichtlich dort hinfährt, ist eine Leistung. Auch rollende Imbisswagen sind in manchen Parkstreifen zu finden, eine inzwischen vom Aussterben gefährdete Spezies, die hier eine Nische gefunden hat. Hier gibt es ganztags das englische Äquivalent vom McDonald's-Burger, das »Bacon Buttie«, warme Schinkensemmel (Brötchen wäre in diesem Fall ein zu feiner Ausdruck) samt schwarzem Tee mit Milch (und Zucker) – reine Fernfahrerkost, kalorienreich, aber lecker.

Bis Andover ist die Straße nicht bemerkenswert, nichts außer einem privaten Rollfeld und einem Mini-Motocross-Gelände auf einer Seite, wo die angehenden Formel-1-Meister wie Bienen herumschwirren. Nach dem Schild zum »Hawk Conservatory« fängt es aber richtig an, die rollende Landschaft der Salisbury Plains, eine Kalksteinebene, die sich über Quadratkilometer erstreckt. Diese Landschaft hat etwas Altertümliches an sich, beinahe etwas Geheimnisvolles. Felder weit und breit, kaum Besiedlung, einzelne Bäume, eine braune, gelbe Landschaft mit niedrigem Horizont und unendlichem Himmel, die ihre eigene Ästhetik besitzt.

Noch ist die Straße in beiden Fahrtrichtungen zweispurig, aber dann, genau auf der Kuppe vor Stonehenge, als ob nicht ausreichend Asphalt vorhanden wäre, verengt sie sich auf jeweils eine Fahrbahn. Was für eine kritische Stelle. Überrascht vom Wechsel der Straßenverhältnisse und dem Anblick von Stonehenge, wird der Verkehr abgebremst und oft zum Stillstand gebracht. Den kleinen Abhang hinunter, an der Abzweigung zum Stonehenge-Besucherzentrum vorbei, geht es dann entlang des

Außenzauns zum UNESCO-Welterbe selbst. Im Vorbeifahren, meistens noch im Schneckentempo, sieht man die Steine von ihrer besten Seite.

Stonehenge hat etwas Eigenartiges an sich. Ein Denkmal, das man nach allgemeiner Meinung, die Besucherzahlen beweisen dies, unbedingt besichtigen muss. Ich bin mir völlig bewusst, dass ich jetzt etwas Kontroverses sage und womöglich die Kritik der Massen wie auch von English Heritage auf mich ziehe, aber ich finde Stonehenge am majestätischsten vom Auto aus. Bei Sonnenaufgang und Dämmerung sind die Steine einfach bezaubernd. Ich werde den Anblick nie vergessen, vom Westen kommend auf der Fahrt für einen Frühflug nach Heathrow, wie die Steine, zur Hälfte umhüllt vom Bodennebel, sich gegen den pink-orangefarbenen Morgenhimmel mit einer beeindruckenden Urkraft emporhoben. 5 Uhr früh ist nie so schön gewesen.

Nach jahrelangem Vorbeifahren entschloss ich mich, das Jahr 2009 mit einem Gang um die Steine von Stonehenge zu begrüßen. Eingemummt gegen die sibirische Kälte und den konstanten Wind, der Sommer wie Winter bläst, machten wir uns auf den Weg, zuerst am barackenähnlichen Besucherzentrum vorbei, durch die unterirdische Betonpassage, die, um ihre Nüchternheit zu entschärfen, mit Gemälden nach Art der Naivenmalerei verziert war, zum Gelände selber. Würden die Männer vom Mars landen, wären sie sicherlich verwundert über die lange Kette von Gestalten, fast jede mit einem schwarzen Rechteck ans Ohr gepresst, die um Steine kreisen. Einmal in dieser Schleife, war es schwierig auszuscheren, geschweige denn in die andere Richtung zu gehen. Aus der Nähe wirkten die berühmten »Blauen Steine« aus dem Presile-Gebirge in Süd-Wales kleiner, das räumliche

Gefüge und der Zusammenhang mit der Umgebung erschienen verwässert zu sein. Denn was der Besucher sieht, ist nur ein Teil einer riesigen Anlage, die sich womöglich über Quadratkilometer erstreckt. Wer wirklich Stonehenge sehen möchte, sollte sich von den Massen befreien, sich nicht von der Betonpassage – die fast so schlimm und unpassend ist wie die in Monets Garten Giverny und sicherlich aus der gleichen Bauzeit stammt – irritieren lassen, die Wanderschuhe anziehen, den *National Geographic* mit dem faszinierenden Artikel im Heft Juni 2008 dabei haben und die Umgebung zu Fuß entlang eines der Wanderwege entdecken.

Stonehenge ist nur der Anfang vieler Ablenkungen, die einen buchstäblich von der Straße ziehen. Longleat ist der Sitz der Marquis of Bath und Heimat von Löwen, Affen und dergleichen. Es war das erste Herrenhaus, das seinen Park und Garten für das Publikum öffnete und auch das »Safari-Erlebnis« im Herzen von Wiltshire eingeführt hat. Eine einmalige Freude für Kinder, weniger für Besitzer schöner und edler Wagen, denn die Affen sehen alles Befahrbare als Spielzeug an und hinterlassen natürlich ihre Spuren.

Um Longleat gerecht zu werden benötigt man Zeit – schnell mal eine Stunde dort zu verbringen, ist völlig unzureichend, ein halber Tag ist das Mindeste. Wenige Kilometer weiter bei Mere erweitert sich die Straße und eine höhere Geschwindigkeit wäre angesagt, wenn man nicht vorher einen Abstecher zur Ortschaft selber macht oder zu Stourhead, einem der bekanntesten Landschaftsgärten Englands. Mere, Heimat vom königlichen Kerzenlieferanten Prices-Kerzen, untergebracht in einem nichtssagendem Gewerbegebiet, gleich links bei der Ortseinfahrt, ist eine Aladin-Höhle für Kerzenliebhaber. Am anderen Ende der Kleinstadt, in etwas schönerer Umgebung untergebracht, befindet sich der Weinlieferant Gebrüder Yapps, eine Feinschmecker-Zentrale für Weinkenner und Fans von französischem Wein aus dem Rhône-Tal. Einzigartig und voll mit unbekannten, aber erlesenen Weinen, haben es sich die Yapps zu ihrer Aufgabe gemacht, den Westen mit Wein zu versorgen. Ihre Weinliste samt Beschreibung, illustriert mit witzigen Strichzeichnungen, wird ebenso gern gesammelt wie die Weine selber. Yapps ist genau die richtige Adresse für einen Wein als Begleitung zum Picknick in Stourhead oder Abendessen im Cottage.

In entgegengesetzter Richtung zu Mere liegt Stourhead, egal zu welcher Jahres- und Tageszeit ein Muss für jeden Garten- oder Englandfan. Er ist der erste von insgesamt vier Gärten von National Trust, die eng aufeinander folgen und wenige Kilometer von der A303 liegen. Stourhead ist mehr als nur ein bedeutender Garten. Mit einem beeindruckenden klassizistischen Herrenhaus, weitläufig bewirtschafteten Parks und Wäldern, der malerischen Siedlung von Stourton samt Bilderbuch-Kirche und dem Angebot des National Trust an Geschäften und Verpflegung, wäre es möglich, den ganzen Tag hier zu verbringen. Stourhead ist auch ein guter Anlaufpunkt, um sich über die Arbeit von National Trust und seiner kulturellen und Freizeit-Angebote im Südwesten zu informieren.

Wer länger in England unterwegs ist und vorhat, mehr als vier Anlagen von National Trust zu besuchen, dem wird empfohlen, gleich eine Jahreskarte bei Stourhead zu kaufen. Genauso wertvoll wie die Eintrittskarte, die dann freien Eintritt zu sämtlichen National-Trust-Anlagen ermöglicht, ist das Handbuch mit Öffnungszeiten, Anfahrts- und Angebotsbeschreibung und Lagekarten. Weit mehr als nur Behüter von historischen Anlagen und Landschaften, bietet National Trust überdurchschnittliches Essen (für England) zum erschwinglichen Preis, saubere Toiletten (immer gut zu wissen) und eine Auswahl an schönen Ansichtskarten. Alles Sachen, die der richtige Tourist zu schätzen weiß. Für mich ist Stourhead ein beliebtes Ziel im Winter, wenn die Struktur des Gartens und des Umlands bloßgelegt sind und die Anlage von einer besinnlichen Ruhe geprägt ist.

Was den Besucher aber wirklich anzieht, ist der Ruhm des Gartens, eine ideale Welt, eingebettet in einer Mulde und durch die umlaufenden Hänge geschützt und getrennt von der Kulturlandschaft. Außerhalb des Blickfelds des höher liegenden Hauses ist der Garten ein Mikrokosmos für sich. Ein 800 Meter langer Spazierweg umkreist den zentralen langgestreckten See, wo man abwechselnd zwischen Bäumen und Lichtungen geleitet wird, wobei sich immer neue Blicke öffnen, mal auf eine Baumgruppe, mal auf einen Tempel oder einfach auf die Wasserfläche selber. Eine Serie von wunderschönen Bildern, die man am liebsten alleine genießen möchte, wie der Schöpfer des Gartens, der Bankier Henry Hoare, und nicht, wie es in der Hauptsaison der Fall ist, mit 100, ja sogar mit 1000 anderen Besuchern teilen. Angelegt ab 1740 und über 40 Jahre mit Bauten und Bäumen ergänzt, konnte Hoare keine Ahnung haben, was für eine Wirkung seine Anlage auf die Massen haben und noch weniger, wie oft sie als Filmkulisse dienen würde.

Für mich liegt der Reiz in den Kontrasten zwischen den wilden Partien außerhalb des Gartens, des Walds, dem abgelegenen Alfred's Tower, einem Wahrzeichen, das über die Baumgipfel ragt und von Weitem sichtbar ist, den intimen Bereichen im Garten selbst: in der Grotte und der sanften Farbgebung auf den Inseln. Während hier im Großen gearbeitet wurde, passend vielleicht zu den enormen Dimensionen der zum Osten angrenzenden Salisbury Plains, merkt man schnell bei der Weiterfahrt, dass ein Wechsel angesagt ist.

Gärten der A303

Von London kommend, gleich nach der Ausfahrt nach Stourhead, erreicht man die Grenze zu Dorset. Nach einer Fahrzeit von kaum fünf Minuten gelangt man nach Somerset, einer Grafschaft geprägt von Kühen, Streuobstwiesen, rollender sanfter Landschaft, punktiert mit Kirchtürmen und alten Baumgruppen. Hier führt jede Seitenstraße in eine für viele vergessene Welt, aber da die meisten auf der A303 zielsicher Richtung Devon und Cornwall fahren, rasen sie an dieser Stelle vorbei, was den Bewohnern dieser versteckten Ecke Englands nur recht ist. Hier im »Camelot Country«, wie der Teil Süd-Somersets vom Fremdenverkehrsamt gern genannt wird, ticken die Uhren anders. Die Landschaft hat etwas von einem breit gestreckten, zart gewölbten Tal, umrahmt von den Salisbury Plains zum Osten, den Blackdown Hills zum Westen, Mendips zum Norden und der Dorset-Hügelkette zum Süden.

Vom Wind geschützt und von der Sonne beglückt, lässt sich das Land gut bearbeiten. Alles scheint besser zu wachsen als sonst wo, der Ertrag ist ergiebiger, das Vieh gesünder und seinem Aussehen nach auch glücklicher. Eingenistet zwischen dem Patchwork von Feldern und gegliedert durch die Hecken liegen die Dörfer. Ihr Standort wird nur durch den herausragenden Kirchturm verraten. Ein altes Land, wo die Geschichte spürbar ist und Legenden kursieren: von König Artus und den Tafelrittern, die hier in Wessex regierten, von den Mönchen, die ihre Abteien am Rande oder auf kleinen erhöhten Inseln im tiefer liegenden Feuchtgebiet gegründet haben, vom Durchzug der Königin Elisabeth I. und ihrer Karawane und vom bösen Antimonarchisten Oliver Cromwell. Wenn Häuser reden könnten, wären Geschichtsbücher gefüllt, denn es ist keine Seltenheit, dass ein Haus oder Cottage ein Datum vor 1700 trägt.

Nur wer seine Rastpause bei einem der National-Trust-Gärten macht, begegnet der Essenz von Süd-Somerset. Der Wochentag und das gültige National-Trust-Handbuch bestimmen, was besucht wird, denn die Öffnungszeiten sind ebenso individuell wie das Angebot. Das kleine Schmuckkästchen Lytes Cary mit Haus aus dem 17. Jahrhundert und später angelegtem »Country-Garten«, beschildert ab dem Verkehrsknoten »Podimore«-Kreisel, ist am Donnerstag und Freitag geschlossen. Es verfügt nur über einen kleinen Kiosk für die Verpflegung, ist aber ideal für den Kurzbesuch und zur Einstimmung ins Alt-Englische. Montacute House mit seinem formalen Garten, der langen Galerie mit Gemälden des englischen Königshauses, eine Außenstelle der National Portrait Gallery London, und interessantem Interieur ist etwas für nasse Tage, nur nicht an einem Dienstag. Ein großartiges, goldenes »Hamstone«-Herrenhaus mit angrenzendem, bilderbuchhübschem Dorf, steht Montacute als Zeuge der früheren Macht und des Reichtums der Gegend.

Lange Jahre, noch zu Münchener Zeiten, gehörte auch ich zu denen, die Somerset nur flüchtig von der A303 aus gesehen haben, bis wir Tintinhull Garden zum ersten Mal als Rastplatz auf einer Cornwall-Fahrt aufgesucht haben. Zwischen Lytes Cary und Montacute an dem geraden und daher schnellen Abschnitt der A303 wäre es leicht, die Ausfahrt zu übersehen, was auch den Vorteil hat, dass der Garten nie überfüllt ist. Zuerst muss man vorsichtig durch die Ortschaft fahren, sich zwischen die parkenden Autos schlängeln und hoffen, dass einem kein Bus entgegenkommt. Ich hatte viel über den Garten oder vielmehr über seine Blumenrabatten in Penelope Hobhouses Buch *Farbe im Garten** gelesen, das zum Standardwerk der 80er Jahre gehörte. Tintinhull Garden war ihr Experimentierfeld und rief einen Stil der farbabgestimmten Bepflanzung hervor, der heute noch praktiziert wird. So wurde der Garten, auch wenn Mrs. Hobhouse bereits vor Jahren zu neuem Garten und neuem Gartenstil weitergezogen ist, zum Mekka für Gartenfans. Der relativ kleine Garten mit 0,8 Hektar, angelegt in den 30er Jahren von Phyllis Reiss nach Vorbild von Hidcote, jetzt im Besitz von National Trust, ist der Inbegriff eines englischen Gartens, mit Gartenräumen, Seerosenbecken, Laube, englischem Rasen, Kugelbuchs und bedachter Pflanzung, alles in einer erfassbaren Größe. Inzwischen von National Trust als Ferienhaus angeboten, ist Tintinhull ein idealer Standort, um Süd-Somerset und Nord-Dorset zu entdecken. Während der Garten ein idealer Rastplatz für den kurzen Aufenthalt für Autofahrer Richtung Westen ist, ist er nicht unbedingt etwas für den Heimweg. Um wieder auf die A303 zu kommen, riskiert man fast sein Leben, denn um auf die Londoner Spur zu kommen, muss man erst über zwei in

---

* Penelope Hobhouse, *Farbe im Garten,* Stuttgart, 2000

der Regel schnell befahrene Fahrbahnen gelangen, um dann im Mittelstreifen geduldig auf eine Lücke in der anderen Richtung zu warten.

Wer etwas mehr Zeit hat und etwas tiefer in die Somerset-Landschaft fahren möchte, kann beim South-Petherton-Kreisel den Schildern nach Barrington Court folgen. Mittwochs ist jedoch die Anlage geschlossen. Bereits auf der Hinfahrt begegnet man dem wahren Somerset. Die Straße wird immer enger, die Seitenbegrenzung, von Wall mit Hecke gekrönt, immer höher, die Angst immer größer, dass man einfach im Feld landen wird und noch schlimmer, dass einem ein Traktor entgegenkommt und Rangieren angesagt ist. Dies wäre bei den Straßenverhältnissen, einer Kette von Schlaglöchern am Straßenrand und überhängendem Bewuchs, nur etwas für Fahrer (und Beifahrer) mit guten Nerven. Barrington Court, ebenso von National Trust gepflegt, liegt in der Größe und was die Entstehungszeit des Gartens betrifft, zwischen Stourhead und Tintinhull.

Ein Garten des goldenen Zeitalters Anfang des 20. Jahrhunderts und eines der ersten Anwesen, das überhaupt an National Trust überschrieben wurde, ist die Anlage erst seit wenigen Jahren wieder unter der Obhut des Trusts. Lange Jahre an die Familie Lyle (von der Zucker-Firma Tate & Lyle) verpachtet, besitzt der Garten das Flair eines freien und unbefangenen Zeitalters. Es würde nicht überraschen, wenn weißgekleidete junge Leute zum Tennisspielen erscheinen würden.

Neben den Gartenräumen, die von Gertrude Jekyll geplant wurden und in ihrem Sinn weiter gepflegt werden, liegt ein großartiger Nutzgarten, der das Restaurant mit Produkten beliefert, und auch ein wunderschönes Ensemble von Wirtschaftsbauten und Bedienstetenhäusern, die die Größenordnung der Ländereien zeigen. Hier lohnt es sich, die hinteren Bereiche zu erforschen, um zu sehen, was angeboten wird: mal antiquarische Bücher verschiedenster Art und Qualität, mal ein Blick in das Cider-House, wo die alte Presse wiederaufgebaut wurde, oder einfach durch die Blumenwiesen zu wandern, die in mühsamer Arbeit die natürliche Pflanzenvielfalt zeigen.

Im Gegensatz zu anderen historischen Anwesen wurde das Herrenhaus selber über lange Jahre an eine Ausstattungsfirma, »Stuart Interiors«, verpachtet, die qualitätsvolle Möbel im Stil des 17. Jahrhunderts herstellte und sie dort im würdigen Rahmen ausstellte. Nicht jedermanns Geschmack, aber interessant und wirklich passend zum historischen Ambiente. Im Zuge der Wirtschaftskrise meldete die Firma Konkurs an und zog kurzerhand zum Jahresende 2008 aus. Jetzt steht das »Court House« leer, die Räume stehen in voller Pracht und zur Überraschung aller kommen die Holzvertäfelung und Steinmetzarbeiten zur Geltung. Ob es so bleibt, steht zur Diskussion, denn pure Architektur ist nicht nach jedermanns Geschmack.

Eine weitere gärtnerische Ablenkung bei der Fahrt auf der A303 in unmittelbarer Nähe von Barrington Court ist East Lambrook Manor, ein Garten, der für mich persönlich seit der Restaurierung etwas von seinem ländlichen Somerset-Charakter verloren hat. Hier wohnte früher eine inzwischen fast vergessene Dame der englischen Gartenszene, Margery Fish, die in den 30er bis 60er Jahren wegweisende Arbeiten in Sachen Pflanzenkombinationen, vor allem in Schattenpartien, unternahm. Ohne Mrs. Fishs Energie und Führung hätte der Garten etwas Museumshaftes an sich. Es fehlt eine ausgeprägte Struktur und das Ländliche, die Streuobstwiesen und Felder, durch welche man in früheren Jahren zum Haus und Garteneingang wanderte. Damit wurde jetzt aufgeräumt und die Wirtschaftsflächen wurden abgegeben.

Die A 303 ist wirklich ein Zubringer in die Gartenwelt. Aber wichtiger noch, der Fahrer wird mit jeder Veränderung im Landschaftsbild auf einen neuen Abschnitt vorbereitet. Nach dem South-Petherton-Kreisel wechselt die A 303 von autobahnmäßig in jeweils einzelne breite Spuren in beide Richtungen, wo das Überholen abwechselnd möglich ist und wo das Fahren einem Computerspiel ähnelt. Dies überwunden, geht es gemütlicher weiter, den »Berg«, die Blackdown Hills hoch, von Somerset nach Devon, aus dem breiten, frischgrünen, weichen Tal zum satten, dunklen Grün und den roten Sandsteinböden von Nord-Devon. Die Felder werden größer, die rollenden Hügel noch dramatischer, die Täler schmäler und tiefer eingeschnitten, das Wetter wechselhafter, die Meeresnähe noch spürbarer. Dies alles ist die Einstimmung auf die wilde, weite Landschaft von Süd-Devon und Cornwall, dem Fuß von England.

Der Garten ist der neue Liebhaber

In mancher Ehe gibt es eine neue Konkurrenz – den Garten. Sogar Tageszeitungen berichten darüber und untersuchen dieses Phänomen. Dass Gärten ansteckend sein können, ist bekannt, dass sie aber zum Mittelpunkt und Lebensinhalt werden, ist auf dem europäischen Festland immer noch eine Seltenheit. In England ist es aber anders, und angesichts der Menge von guten Gärten dürfte dies nicht überraschend sein. Bei der Frage, warum gerade die englischen Gärten so beispielhaft sind, werden am meisten das für die Pflanzen günstige Wetter, die längere Wachstumsperiode und das vielseitige Angebot an Pflanzen benannt. Aber sind dies wirklich die alleinigen Gründe? Liegt es vielleicht auch an anderen Faktoren, wie an Ideen, der Ausführung, der Pflege und, noch wichtiger, an dem gewissen Etwas, nämlich der Begeisterung und Liebe?

Es ist nichts Neues, dass man sich dem Garten widmet. Wir alle kennen Gartenfanatiker oder haben wenigstens schon von solchen gehört. Denken wir an bekannte Personen der Gartenszene, Margery Fish, Rosemary Verey und sogar an Gertrude Jekyll. Für sie war der Garten ihr Ein und Alles. Sie, wie auch Christopher Lloyd, haben ihre Leidenschaft zum Beruf gemacht.

Keine von ihnen plante dies als Karriere, es war fast, als ob der Garten sie gefunden hätte. Durch dieses Metier konnten sie sich verwirklichen und wurden nebenher noch berühmt. Alles andere als Sonderlinge, stehen sie am Gipfel einer Bewegung. Beim Durchblättern der Gartenreiseführer wird schnell deutlich, dass die Mehrzahl der beispielhaften Gärten sich auf dem Land befinden. Überträgt man die Verteilung dieser Gärten auf eine Landkarte von England, so ist eine erstaunliche Konzentration in den Dörfern und Kleinstädten bis zu 2½ Autofahrtstunden von London entfernt, zum Beispiel in Dorset, Somerset, Wiltshire, Hampshire, Gloucestershire, Oxfordshire, Berkshire, Surrey, Kent und Sussex.

Alle Orte liegen in Reichweite des Wochenendpendlers. Zusammen mit Internaten gehört das freiwillige Wochenendpendeln wohl zum größten Rätsel des englischen Lebensstils. Warum die Kinder weggeben, warum von zu Hause wegbleiben, und überhaupt, warum sollte man die Familie so spalten? Das Internatsystem, so hart es auch klingt, hat deutliche Vorteile, sonst hätte es nicht so lange angehalten und immer neue Generationen angezogen. Ich gehöre, dank der Royal Navy, zu den neu dazu Gekommenen und genieße den zweigleisigen Lebensstil und die Chancen, die sich dadurch bieten. An Wochenenden und in den Ferien, bei Internatskindern doppelt so lange wie im staatlichen System, kommen die Familie und ihre Belange an die Reihe, die restliche Zeit bin ich frei, meinen Vorlieben nachzugehen.

Die Entscheidung für die private Schulausbildung kam nicht etwa durch Tradition, wie es bei vielen ist, sondern aus praktischen Gründen. Um eine durchgehende Schulbildung trotz wechselndem Einsatzort des Vaters – in unserem Fall des Stiefvaters – zu gewährleisten und für Kontinuität zu sorgen, wird eine Internatsschulung subventioniert. Die Familie, mit Ausnahme von der Berufung nach London, zieht bei jedem Einsatzwechsel um, lernt neue Gegenden kennen, wird Meister in Kartons verpacken und darf einen neuen Garten pflegen. Auf diese Art und Weise lernte ich die Schwierigkeiten, auf tonhaltigem Boden zu gärtnern – etwas, was ich niemandem wünschen möchte – wie auch die Künste des minimalistischen Rasengartens, als wir eine Zeitlang in Northwood, nördlich von London wohnten.

Seit 2006, als mein Mann nach London »verpflanzt« wurde, gehöre ich zu den »Werktagswitwen« und reihe mich wie viele andere im Bahnhofs- oder Busparkplatz ein, um die »Anzüge« abzuholen. Wie seltene Vogel strömen die »City-Gents« in ihren Nadelstreifenanzügen und Crombie-Mänteln, manchmal mit Schirm und kaum mit Melone aus den Waggons und schreiten zielstrebig zum Ausgang. Nur die frischen Pendlerehefrauen stehen erwartungsvoll am Gleis, die alten Hasen warten im Auto, manche sogar bei laufendem Motor.

Diese Spaltung zwischen Berufsleben in der Stadt und Freizeit auf dem Lande gehört für die Engländer zur Tradition. Ende des 19. und während des 20. Jahrhunderts arbeitete man in der Stadt (hiermit ist immer London gemeint), um das Anwesen auf dem Land zu finanzieren. In unserem Zeitalter wird das Landleben als eine Belohnung und als Ausgleich zum hektischen, stressigen Stadtleben betrachtet. Der Nebeneffekt eines zweigleisigen Familienlebens, wo der Ehemann unter der Woche in der Stadt wohnt und die Ehefrau samt Kindern und Tieren im Landhaus oder Cottage residiert, ist nicht ungewöhnlich. Den Berichten der Tageszeitungen nach ist es ein inzwischen bekanntes Szenario: Als junges Paar arbeitet und wohnt man zusammen in London, mit dem ersten Kind oder zunehmendem beruflichem Erfolg kommt die Sehnsucht nach einer besseren Lebensqualität, mit mehr Freiraum, besseren Schulen und oft einem sichereren Umfeld außerhalb der Großstadt. Die Wochenenden sind mit intensiver Haussuche gefüllt, Zeitungen werden studiert, das Angebot im Internet durchsucht und Ausflüge gemacht. Irgendwann gelingt es. Der Erlös vom Verkauf des Londoner Hauses oder der Wohnung finanziert das Landhaus mit wesentlich mehr Quadratmetern Wohn- und Gartenfläche, als dies je in der Hauptstadt möglich gewesen wäre. So ganz wird die Hauptstadt nicht verlassen. Das neue Leben muss finanziert werden, also wird ein Junggesellen-Appartement erworben oder gemietet. Ein Kurzaufenthalt in der Stadt ist dann möglich, ebenso eine Opern- oder Theatervorstellung, ein Lunch mit Freunden oder, noch wichtiger für die Gartenfans, ein ausgedehnter abendlicher Chelsea-Flower-Show-Besuch. Dabei besteht die Chance, die eine oder andere Pflanze zu reservieren und am letzten Ausstellungstag mit nach Hause zu nehmen.

Ein Nebeneffekt des nicht dauernden Zusammenseins ist, einfach mehr Zeit für andere Dinge zu haben, das Leben kann wenigstens für die Ehefrau andere Perspektiven annehmen. Natürlich gibt es die Möglichkeit, wieder berufstätig zu werden, aber das widerspricht bei vielen dem Sinn des stressfreien Landlebens. Also wie füllt man diese plötzlich zur Verfügung stehende Zeit? Nachdem das Haus renoviert und das Interieur zur allgemeinen Zufriedenheit aufgefrischt ist, wird eine neue Beschäftigung gesucht. Die Wahl scheint auf Pferde oder Garten zu fallen, je nachdem, wie die Einflüsse in der Kindheit waren. Selten trifft man eine reitende englische Gärtnerin, wenn nicht gerade ein Bataillon von Dienstpersonal zur Hand ist. Denn beides nimmt zu viel Zeit (und Geld) in Anspruch.

Die Damen, die an meinem Haus vorbeireiten, legen wenig Wert auf ihren Garten. Ordentlich und passend soll er sein, anschaulich, aber nicht vorbildlich, denn ihr Objekt der Bewunderung ist das Pferd. Den blühenden Gärten und Umsatzzahlen der Gartencenter nach zu gehen, scheint der Garten aber eindeutig der Favorit zu sein. Hier vereint sich die Sehnsucht nach frischer Luft, körperlicher Bewegung, Fortbildung und der Verschönerung des Umfelds, und das alles vor der Haustür. Während manche neu dazugekommenen Gärtnerinnen Kindheitserinnerungen mit sich bringen, fangen andere bei Null an. Angefeuert durch Reportagen im Fernsehen, Bilder in Gartenzeitschriften und Gartenbesuche, wird alles Gartenmäßige aufgesaugt. Sie sind wirklich Feuer und Flamme, entwickeln Kräfte, die nie zuvor da waren, und lassen sich nicht einmal von der Witterung abhalten. Diese wird sogar als Herausforderung betrachtet und wird zum Test eines echten Gärtners. Sie lernen noch dazu eine neue Sprache. Das langvergessene Latein wird wieder aus den hinteren Ecken des Gehirns herausgelockt und aufgefrischt. Endlich sieht man einen Bezug darin zu etwas Handfestem, nämlich Pflanzennamen: *Alba* ist weiß, *nigra* schwarz, alles mit scheinbar unzähligen (und überflüssigen) »i« ist nach einer Person benannt, wie *engelmannii*, *veitchii* oder *wardii*.

Wer früher berufstätig war, geht die Sache profimäßig an, merkt, wo die Bildungslücken sind, und tut sein Bestes, diese zu füllen. Aus der Vielzahl von Gartenkursen gibt es ein Einstiegsniveau und einen Stil für alle, seien es Fernkurse der University of the Arts, örtliche Kurse, organisiert von der Royal Horticultural Society, oder Gartengestaltungskurse von den vielfältigen Privatschulen unterschiedlichster Qualität, die alles vom Tages- bis zum Jahreskurs anbieten. Andere bleiben auf der autodidaktischen Route, nach der Methode »ausprobieren und abwarten«. So kann jeder zum Gartenexperten werden, und manche werden es auch. Der Garten wird nicht nur Mittelpunkt des Lebens, sondern gelegentlich auch zur zweiten Laufbahn. Obwohl Frauen deutlich in der Mehrzahl sind, wagt auch ein kleiner Prozentsatz von Männern sein Glück mit allem Grünen zu probieren. Gerade in puncto Gestaltung scheinen diese Herren erstaunlichen Erfolg zu haben, wenn man die Beiträge der Chelsea-, Hampton-Court- und Tatton-Blumenschauen betrachtet. Die meisten Gartenneulinge sehen ihr Ziel darin, von National Gardens Schemes aufgenommen oder auch in den Gartenzeitschriften abgebildet zu werden. Nach oft jahrelanger Arbeit kommen dann die Bestätigung und das Lob, eine Belohnung für die viele Mühe. Es sind gerade diese Gärten, die zum Fortbestand der Gartenkultur beitragen und ein scheinbar unerschöpfliches Reservoir von Vorzeigeobjekten liefern.

Einmal im gelben Buch des NGS aufgenommen, fängt die Arbeit erst richtig an. Die Juroren haben den Garten zwar für würdig gehalten (ausreichendes Angebot für einen Besuch von mindesten 45 Minuten), aber in Anbetracht der Erwartungen und des Kommentars der Besucher, muss alles tipptopp sein. Kein Unkraut, keine verwelkten Blüten, saubere Rasenkanten, gepflegte Wege, ein aufgeräumtes Gewächshaus und frisch gemähte Rasenflächen. Wird Tee und Kuchen angeboten, werden

Familie und Freunde gebeten, sogar oft gezwungen, mitzumachen, was auch zur familiären Atmosphäre beiträgt. Listen mit Pflanzennamen werden gekritzelt, alte Bestellungen werden hergeholt, Gartenbücher zu Rate gezogen, denn gerade das, was nicht vermerkt wurde, danach wird gefragt. Der Tag kommt und man hofft auf gutes Wetter, wenigstens auf keinen Regen und wartet auf die ersten Besucher. Einmal überstanden, sammelt man die Broschüren ein, zählt das Geld und fragt sich, warum die ganze Aufregung, und plant für das nächste Jahr. Auch wenn die Familie inzwischen etwas zurückhaltender in ihrer Euphorie für alles rund um den Garten geworden ist, war das Lob der Besucher mehr als eine ausreichende Entschädigung.

Der Sprung zum Gartendesigner beginnt aber oft mit der Begeisterung von Freunden und Familie, die das neue Hobby loyal unterstützen. Erst wenn klar wird, dass es mehr als nur ein Lückenfüller und vorübergehende Begeisterung ist, dass mehr Zeit draußen als drinnen verbracht wird und Schnüre, Gartenschere und dergleichen in die Küche wandern, wird die Sache ernst. Wenn dann der Garten tatsächlich verwandelt und Ballspiel untersagt ist, schwinden alle Zweifel. Mit den ersten Erfolgserlebnissen kommen die Bitten nach Ratschlägen, Fragen von der Art »Könntest du doch mal bei mir gucken, bei dir gelingt es einfach«, bis es schließlich Weiterempfehlungen an Dritte werden. Bevor man es merkt, wurde aus dem Hobby ein Beruf. Anders als bei den wirklichen Profis, den Garten- und Landschaftsarchitekten, sind die Autodidakten für das allgemeine Publikum meistens zugänglich.

Die Schwellenängste, dass man womöglich zu irgendetwas überredet wird, oder gar, dass die eigenen Wünsche total ignoriert werden, sind bei vermeintlich Gleichgesinnten nicht vorhanden. Dass die Bauherren dabei zu Versuchskaninchen werden, wird oft vergessen. Trotz aller Nachteile ist diese Entwicklung maßgebend für den Fortbestand der englischen Gärten.

Wer nicht alles selber machen kann oder will, nimmt sich Hilfskräfte. Jedes Dorf besitzt ein Netzwerk von Handwerkern und Gärtnern unterschiedlicher Qualität, die durch Mund-zu-Mund-Propaganda empfohlen werden. Rasenmähen, Heckenschneiden, Zäune errichten, Baumpflege, Räumarbeiten, alles kann erledigt werden, man braucht nur die entsprechende Kontaktnummer. Nimmt man nur North Cadbury als Beispiel, so hat dort jeder eine andere Art Unterstützung, aber kaum einer teilt diese mit jemandem. Nicht einer von Daphnes »Boys« ist unter 70, aber sie sind Meister im Heckenschnitt und Rasenpflege. Sie kommen nicht auf Abruf, sondern wenn sie es für notwendig halten. Sie sind absolut im Einklang mit »ihrem« Garten und stolz auf ihre Arbeit. Peter, ein inzwischen pensionierter Feldarbeiter, kommt zu meiner Nachbarin im Frühling und Herbst, um die Beete umzustechen und Unkraut zu besprühen. Ist die Vorbereitungsarbeit von ihm erledigt, kann sie sich dann um die Feinarbeit kümmern. Terry, gelegentlich mit Rasenmäher gesichtet, den er wie einen Kinderwagen mitten auf der Straße vor sich her schiebt, scheint der Einzige zu sein, der in verschiedenen Gärten tätig ist und stets, wenn sein Schichtdienst es erlaubt, mit seinem Anhänger im Einsatz ist. So hat jeder sein »extra Paar Hände«.

Bei mir macht meine Freundin Liz Urlaubsvertretung. Auf meinen Mann ist leider kein Verlass, einmal und nie wieder habe ich ihm die Gartenpflege überlassen, während ich im Ausland unterwegs war. Es war nur die Rede von Rasenmähen und Winde im Griff halten. Was mich nach meiner Rückkehr nach drei Wochen Abwesenheit begrüßte, war ein Rasen, zwar gemäht, aber überzogen mit einem Netzwerk von Brombeerablegern, die wie Finger über das Gras krochen – und ich dachte, wir hätten die Kerle unter Kontrolle. Die Grenzbepflanzung war übersät mit weißen Trompetenblüten. Es wäre mit allen anderen Pflanzen wirklich eine reine Pracht gewesen, es gefiel meinem Mann, und wie es hieß, war es zu schade, sie zu entfernen, denn sie seien doch viel zu hübsch, um Unkraut zu sein.

Nach dieser Erfahrung wurde Liz gebeten, für Kontrolle und Kontinuität zu sorgen. Mehr als das, sie ist oft genauer und umsichtiger, als ich es bin, pflegt die Staudenbeete, schneidet Verwelktes zurück und denkt mit. Sie hat schließlich Erfahrung und Praxis über Jahre auf dem langen Weg gesammelt, zuerst in ihrem eigenen Garten, dann in Tageskursen und schließlich in über zwei Jahren Fortbildung auf einem von der Royal Horticultural Society anerkannten Gartenkurs beim Yeovil College. Hier lernte sie alles von der Pieke auf, vom Bodenaufbau, der Plattenverlegung bis hin zur Dränage und den Pflanzen. Parallel dazu gründete sie mit einer gemeinsamen Freundin eine Gartenpflegefirma, speziell um ältere Damen bei der Gartenarbeit zu unterstützen und vor allem die Feinarbeit im Beet zu übernehmen. Was als Hobby begann, um die Zeit zu füllen, als ihr Mann in London beschäftigt war, ist nunmehr eine Vollzeitbeschäftigung, und die Anzahl von Gärten, die sie betreut, ist enorm gewachsen. Wie sie als Gärtnerin, sozusagen auf der anderen Seite des Spatens, aufgenommen wird, ist hochinteressant – von vorsorglicher Verpflegung mit endlosen Tassen Tee bis zum Vorführobjekt, beobachtet von der Auftraggeberin – manchmal sogar mit eigens für diese »Veranstaltung« eingeladenen Gästen – bei jedem Schritt und Tritt vom Wintergarten aus.

Die wirklich gartenbesessenen Gärtnerinnen kümmern sich aber ausschließlich um ihren eigenen Garten. Der Garten hat Vorrang, und während dort und sogar im Gartenschuppen alles in bestem Zustand ist, bleibt keine Zeit für das Haus übrig. Wenn eine Zugehfrau kommt, so ist wenigstens dann, wenn auch nur für kurze Zeit, für Ordnung gesorgt, sonst herrscht Chaos: ein »Ich kann doch alles finden und schließlich stört es keinen, draußen ist es doch so schön«-Stil. Wirft der Besucher doch einen Blick hinein oder wird auf eine Tasse Tee eingeladen, möchte man am liebsten die Sagrotan-Flasche herausziehen. Begriffe wie »rustikal« oder »mit Charakter« werden gern von Maklern benutzt, um diesen Wohnstil zu umschreiben. Solche Häuser sind archäologische Fundgruben, wo Zeitungspapier die Funktion einer Dämmschicht auf dem Boden übernimmt und wo Vorhänge überflüssig sind, da die Räume von einem permanenten Graulicht beflutet sind. Wenn jede Sekunde bei Tageslicht im Garten verbracht wird, soll es doch egal sein, wie es innen ausschaut. Ist man dann noch knapp bei Kasse, wird eher das bisschen Geld für eine Aushilfe im Garten ausgegeben, wo man etwas davon hat, als im Haus, wo es sowieso nur wieder dreckig wird.

Die Engländer haben einen Hang zu exzentrischen Personen, die fast den Stellenwert von Kulturgut erreichen. Man braucht nur die Geschichten von P. G. Wodehouse, Nancy Mitford oder Agatha Christie zu lesen, die trotz aller literarischer Freiheiten doch realitätsbezogen sind. Die Leistung und der Beitrag von solchen Exzentrikern wird geschätzt, wie auch im Stillen ihr Mut, sich etwas zu widmen und Konventionen zu ignorieren. Was zählt, ist Charakter, Begeisterung und Leistung. In diesem Sinn ist eine Lady-Gärtnerin trotz Vogelscheuchen-Bekleidung, einseitigem Gespräch, gepfeffert mit Pflanzennamen und etwas bedrohlich ausschauender Gartenschere in der Gartenwelt und auch im Dorf hoch angesehen. Sie hat ihr Leben dem Grünen und Blühenden gewidmet und ist glücklich. Das Äußere ist ihr egal, und ihr Ehemann, wenn er noch lebt, ist gut beim Golfen, Schießen oder in der Bibliothek aufgehoben. Der Garten ist ihr Ein und Alles. Wer einmal anfängt und auch nur für sich selbst gärtnert, merkt schnell, dass der Garten ein Refugium ist, das schnell zur Sucht werden kann, ein Ort der Zuneigung, der mit Blütenpracht dankt und wo zwischen den Pflanzen der Alltag und das Alter vergessen werden.

Fortbildung im Winter – der Gartenclub

Was macht ein Gärtner im Winter? Der Garten ruht sich aus und erholt sich für die nächste Gartensaison, aber der Gärtner nutzt die Zeit, um sich geistig, gedanklich und tatkräftig auf das kommende Jahr vorzubereiten. Alte Gartenhefte, die zur Seite gelegt wurden, werden endlich gelesen, Samenkataloge, die mit der Weihnachtspost ins Haus flattern, werden in aller Ruhe an Neujahr studiert, Wunschlisten erstellt und nach Überprüfung des Bestands Neues bestellt. Verführt durch die Bilder, Beschreibung und Sehnsucht nach Farbe in den tristen Winterwochen, wie auch durch unwiderstehliche Angebote: gemischte Kosmeen, 100 Samen für 69 Pence. Ich kaufe immer mehr, als ich brauche, und habe stets einen guten Vorrat für das nächste Jahr sowie einen Fundus an kleinen Geschenken für gartenliebende Freunde. Wer wirklich Geld sparen möchte, bestellt aber durch den Gartenclub, denn hier gibt es ab einer gewissen Summe Mengenrabatt und auch die Möglichkeit, dass man eventuell Samenpakete teilen kann. Ein wirklicher Vorteil der Sammelbestellung ist jedoch, die Ratschläge und Erfahrungen von anderen zu hören, was wirklich im hiesigen Boden wächst, welche Tomatensorten am besten und was die bevorzugten

Varianten für die Leistungsschauen sind und, fast wichtiger, was für den alljährlichen Pflanzenverkauf gezüchtet wird. All diese Gespräche laufen neben dem Hauptanliegen des monatlichen Treffens in North Cadbury jeden zweiten Mittwochabend im Monat.

Während Spätfrühling und Sommer mit Ausflügen und Schauen gefüllt sind, finden die Fortbildung und das gesellige Beisammensein im Herbst und Winter statt. Ausgestattet mit Taschenlampen (in North Cadbury gibt es keine Straßenbeleuchtung, aber dafür bei klarem Himmel Sterne und sogar Mondschatten) bewegen sich die Mitglieder wie Glühwürmchen in Richtung Gemeindehalle. Ein sachlich klingendes Bauwerk, das wesentlich gemütlicher und wärmer ist als sein Name. Die Haupthalle, mehr eine kleine Fachwerk-Konzerthalle mit Parkett, Vertäfelung, Holzbalken und funktionierender Bühne, geschmückt mit schweren roten Samtvorhängen als eine sachliche Halle, ist mittels hoher Faltwände in kleinere Räume teilbar.

Bis vor wenigen Jahren fanden hier die Versammlungen statt, aber trotz gemütlichen Charakters war es, je nach Laune der Heizung, die von oben herab strahlte, entweder zu heiß oder zu kalt. Seit der Renovierung, alles von der Gemeinde selbst finanziert, verfügt North Cadbury über eine funktionierende Heizung, eine Tonanlage und auch über einen Nebenraum mit Teeküche, ideal für kleine Veranstaltungen, und statt harter Plastikstühle ausgestattet mit gepolsterten Stühlen. Dass die Renovierung von einem Ausschuss organisiert wurde, ist ersichtlich aus der etwas merkwürdigen und rätselhaften Kombination, wie beispielsweise die UFO-Wandleuchten, modern, groß und nicht zu übersehen, zu den ländlich rot-weiß-karierten Vorhängen und dem bläulichen Teppichboden: Innenausstattung auf diese Art ist immer problematisch und führt zu seltsamen Stilmischungen, die aber manchmal als Ablenkung gut sind.

Im Idealfall sollte der Inhalt des Abends so spannend sein, dass das Umfeld egal ist. In Falle des Gartenclubs, besser gesagt der Horticultural Society oder, wie er liebevoll abgekürzt wird, »Horti«, sollte es ein abwechselndes Programm von Vorträgen über die Bandbreite von Gartenthemen, von Gemüseanbau zu Zierpflanzen, von ausländischen Gärten bis zur Anlage eines »Country-Gartens« wie auch über Baumschnitt bis zur Containerpflanzung sein. Ausgesucht von einem Gremium oder einfach vom Vorsitzenden nach Empfehlung, dem Ruf des Lektors oder aus der Liste im »roten Buch«, das jeder Club vom Landesverband erhält, kann das Resultat sehr unterschiedlich sein. Nur nach der Liste zu gehen, ist eine etwas gewagte Sache, da außer Name, Anschrift, Kontaktnummer und grob umrissenem Fachgebiet, wie auch gestaffelter Honorarangabe von A bis E, wenig Informationen über die Vortragenden selbst enthalten sind. Die Qualität ist deshalb sehr unterschiedlich, was zum Charme der Veranstaltungen beitragen kann.

Der Abend selber läuft nach langjährig erprobtem Rhythmus ab: Eintreffen ab 19.15 Uhr, Kauf des obligatorischen Loses, Einführungsgespräch vom Vorsitzenden zusammen mit relevanten »Gartennachrichten« und Ankündigung des nächsten Treffens, gefolgt von Vortrag, Dankesrede und Ziehung der Lose durch den Sprecher und Verteilung der Preise. Zum Abschluss eine kurze gesellige Runde mit Tee oder Kaffee und Keksen für Gartengespräche oder Nachrichtenaustausch. Der Abend endet mit dem Stapeln von Stühlen, an dem alle, die noch einigermaßen fit sind, automatisch teilnehmen, als seien sie von klein auf hierfür gedrillt worden.

Da Vorträge mindestens ein Jahr im Voraus gebucht werden, muss mit Überraschungen und Stornierungen gerechnet werden. In North Cadbury erlebt man immer wieder Unerwartetes: Mr. und Mrs. Tripp waren angekündigt, um über Gemüse zu sprechen, aber nur Mrs. Tripp erschien. Gewohnt, nur die helfende Begleitrolle zu spielen, war sie, da ihr Mann vor Kurzem verstarb, plötzlich im Mittelpunkt. Schwankend zwischen Mitleid, Bewunderung und Erstaunen wussten die Zuhörer nicht, was ihnen bevorstand. Mrs. Tripp wollte ihre Verpflichtungen einhalten, und ausgestattet mit zahlreichen Dias und Tipps versuchte sie ihr Bestes, obwohl sie sich immer wieder zusammenreißen musste und oft den Tränen nahe war. Dabei war es erstaunlich, wie viel sie von ihrem Mann aufgenommen hat, obwohl sie selten im Garten tätig war, oder, wie es sich zwischen den Zeilen vermuten ließ, sein durfte. Seine Spezialität war weniger die Zucht von Gemüse für den Tisch als für die Leistungsschau. Die Dias zeigten enorme, riesige Zwiebeln, lange, gerade Stangenbohnen, perfekte Salatköpfe und mehr. So lernten wir, wie lange Karotten zu züchten sind – im Rohr, dass Erbsen am besten in alten Dachrinnen im Glashaus zu pflanzen sind und dann einfach auf die Erde »geschlüpft« werden können, und dass Tomaten am besten in Säcken wachsen. Mrs. Tripp und alle Zuhörer waren sichtlich erleichtert, als fast eine Stunde später das letzte Dia gezeigt wurde. Ihre Tasse Tee hat sie sich wirklich verdient.

Wie schwer es ist, Jahr für Jahr ein Programm zusammenzustellen, weiß ich aus eigener Erfahrung. Fünf Jahre lang, von

2001 bis 2006, war ich zusammen mit Liz und später Frances zuständig für das Jahresprogram der Queen Camel Horticultural Society in dem Dorf, in dem wir knapp zwei Jahre residierten und wo ich erstmals ins Dorfleben eingewiesen wurde. Der Gartenclub war mit über 100 Mitgliedern, von denen zwischen 40 bis 60 regelmäßig einmal im Monat erschienen, beinahe doppelt so groß wie North Cadbury und verfügte über ein größeres Budget, trotz bescheidener Mitgliedsgebühren, die ab 2005 auf 5 Pfund erhöht wurden.

Zu den Höhepunkten zählten die Vorträge von begeisterten Spezialisten, die wir einfach nach Gefühl aus der Liste ausgesucht haben: Terry Bratcher, Dahlien-Züchter und Aussteller aus der Nähe von Taunton, der uns alle, auch die, die bisher ambivalent in Sachen Dahlien gewesen sind, mit seinem Enthusiasmus ansteckte und ein regelrechtes Dahlienfieber auslöste. An der Spitze stand aber Ken Dymond mit seinem Vortrag »Wie Pelargonien gezüchtet werden«, ein Exkurs in ein Sujet, das für mich fremd, aber für andere, die in Leistungsschauen ausstellten, von brennendem Interesse war. Ich war darauf vorbereitet, gelangweilt zu werden, und völlig überrascht, wie spannend und lebhaft sein Vortrag war. Präzis, praxisnah und nicht im Geringsten professoral erklärte Mr. Dymond alles so bildlich, ohne dabei viele Dias zu zeigen, dass jeder sofort begriff, um was es ging. Da es sich um eine Leistungsklasse der jährlichen Schau handelte, war die Nachfrage um Notizen groß. Als Schriftführerin wurde ich mit dieser Aufgabe betraut und war erstaunt, wie leicht es war, die Instruktionen niederzuschreiben.

Manche Vorträge haben einen indirekten Bezug zum Garten, wie Robin Williams' Lichtbildvortrag über »Tealham-Moor

– ein Jahr auf den Ebenen«, der auf dem Programm in North Cadbury stand und zwei Jahre später in Queen Camel mit großer Resonanz gehalten wurde. Von unseren (harten) Stühlen aus führte Robin Williams uns durch seine hervorragenden und stimmungsvollen Bilder in die Welt der Feuchtwiesen Nord-Somersets und beleuchtete die Rolle dieser wichtigen Landschaftsschutzgebiete im Naturhaushalt. Von Flora und Fauna zu Sommerweiden und Rastplätzen für Zugvögel beschrieb er die wechselnden Jahreszeiten und die Gefahren für diesen doch empfindlichen Bereich. Als begabter Hobbyfotograf, Autor von mehreren Büchern zu diesem Thema, hatte er eine umfassende Sammlung von Motiven, die er über Jahre durch Beobachtung aufgebaut hat. Was er als subtile Botschaft für den Gärtner mitbrachte, war, der Natur doch Platz im Garten zu lassen und an die Zusammenhänge zu denken. Es ist eben diese Bandbreite von Themen, die die Vortragsreihe der Gartenclubs auszeichnet und die Winterabende bereichert.

Unterhaltung auf Frauenart –
das Fraueninstitut von Queen Camel

Als der damalige Premierminister Tony Blair im Jahre 2000 als Gastredner bei der Hauptversammlung des Fraueninstituts von den sonst äußerst wohlerzogenen Mitgliedern wegen seiner Rede statt mit Applaus bedacht, ausgepfiffen wurde, war die Macht und das Image dieser sonst für bieder, veraltet und nebensächlich gehaltenen Organisation ein für allemal verändert. In den Fernsehübertragungen dieses Ereignisses war deutlich zu sehen, dass die Versammlung nicht aus vermeintlich molligen, in Beige gekleideten Mütterchen und Omas, sondern aus zum großen Teil schick angezogenen und aparten Frauen zusammengesetzt war. Wie jeder Ehemann aus eigener Erfahrung weiß, sollte man Frauen nie unterschätzen. Tony Blair, sicherlich falsch beraten von seinem kaum den kurzen Hosen entwachsenen Assistenten, tat genau das. Er segelte mit naiver Selbstsicherheit voll in eine Flut von Kritik und war selbst überrascht von der Wirkung.

Wie kam es dazu? Er machte zwei fatale Fehler: Zum einen erkundigte er, oder vielmehr seine Berater, sich nicht über die Ziele und Zusammensetzung des Instituts noch über eine passende Thematik. Hätten sie ihre Hausaufgaben gemacht, wäre es ihnen klar gewesen, dass nie über Politik gesprochen wird, sondern über Bildung, Ernährung, innerstädtisches und ländliches Leben, über soziale Aufgaben und eine ganze Palette von Themen, die Zukunft, Gegenwart und Vergangenheit abdecken. Schließlich ist Politik eine private Angelegenheit.

Aber was tat Tony Blair? Er hielt eine Wahlrede für seine Partei und nutzte die Gelegenheit, vor einer erhofften ruhigen und braven Zuhörerschaft vom Rednerpult aus die Labour Party in ein gutes Licht zu rücken. Dabei dachte keiner seiner Berater daran nachzufragen, wie das Fraueninstitut jetzt besetzt war. Wie viele andere, vor allem die in Großstädten leben, ging auch er einfach vom verpönten und oft in Komödien dargestellten Image dieser Gruppe aus, wo es nur um Marmeladekochen und Stricken geht und wo zu Beginn jeder Sitzung das patriotische »Jerusalem« kräftig und auswendig gesungen wird.

Die Zeiten haben sich geändert und somit auch die Fraueninstitute. Ihr Hauptbetätigungsfeld ist nach wie vor auf dem Land. Ihre Mitglieder (es sind über 205 000) setzen sich primär aus nicht berufstätigen Frauen oder solchen im Rentenalter zusammen. Das Ziel, die Fortbildung von Frauen, ist geblieben. Ging es in der Nachkriegszeit primär um die kostengünstige, aber gesunde Ernährung, steht heute die Aus- und Fortbildung an und umfasst alles von Kulturhistorie und Kunstgeschichte bis zur Landeskunde und mehr. Themen sind oft zeitgenössischen Inhalts, welche durch die einzelnen Gruppen ausgesucht und durch aktuelle Angebote des Landesverbands ergänzt werden. Man hätte nur fragen müssen, und das Malheur wäre nicht passiert. Für Tony Blair war es eine peinliche Episode, aber das Fraueninstitut hatte die besten Schlagzeilen seit Jahren.

Wie es oft ist, wurde ich Mitglied des Fraueninstituts von Queen Camel über Freundinnen. Liz und Maureen, beide begeisterte Hobbygärtnerinnen, waren jeweils Vorsitzende und Schriftführerinnen der vor Kurzem wiedergegründeten Queen-Camel-Gruppe. Sie beide entsprachen der neuen Generation von Landfrauen, denn im Großen und Ganzen ist die Gruppe vielleicht am ehesten damit vergleichbar. Überhaupt nicht verstaubt, lebendig, voll mit Ideen und Energie bauten sie ein Jahresprogramm auf, das abwechslungsreich und unterhaltsam war. Die Mitgliederzahl stieg, Frauen aus anderen Dörfern kamen dazu, und der erste Dienstagvormittag im Monat wurde fest im Terminkalender verankert. Von den etwa 70 Mitgliedern waren stets um die 60 anwesend. Wer nicht kommen konnte, schickte seine Entschuldigung, was auch bekanntgegeben wurde. War man krank, im Krankenhaus oder gar verstorben, wurden eine Karte und Blumenstrauß verschickt.

Die Gemeindehalle von Queen Camel ist alles andere als einladend, ganz im Gegenteil zu der von North Cadbury, die das Ebenbild einer ländlichen »Village Hall« ist. Im nüchternen Bauwerk aus den 50er Jahren, bestückt mit Plastikstühlen, die Sachen der Kindergartengruppe in einer Ecke verstaut, muss man Heiterkeit mitbringen und in den Anfangsjahren ausreichend Münzen für die Heizung. Da sie aber öfter kaputt als funktionierend war, zog man sich warm an. Im Sommer aber, bei Sonnenschein, war es brütend heiß, was zu einem ewigen An- und Ausziehen führte.

Dass aber trotz dieser Umstände eine gute Stimmung aufkam, sagt viel über die Mitglieder aus. Zum einen hat es mit der Gruppendynamik zu tun. Hier kamen nicht nur unterschiedliche

Altersgruppen, ab 40 bis fast 100 Jahre, sondern die verschiedensten sozialen Klassen und Ausbildungsstufen zusammen. So saß eine ehemalige Richterin neben der Schulköchin, eine Lehrerin neben einer Bäuerin, Ärztin, Geschäftsfrau oder Hausfrau – ein breites Spektrum, das zur Lebendigkeit beitrug. Jeder war irgendwann mal mit der Verpflegung, Tee und Kaffee kochen und Kuchen backen an der Reihe, denn die halbe Stunde, bevor die Versammlung begann, war zum Unterhalten und Ratschen gedacht. Mit den Neuigkeiten vertraut, konnte man die nächste Stunde ruhig zuhören. Das war aber leider nur theoretisch möglich, denn wie in jeder Schulklasse gibt es immer diejenigen von der hintersten Reihe. In diesem Fall waren es früher brave und folgsame Mädchen, die sich im Alter verwandelt hatten und beim geringsten Anlass in Gelächter und Kichern ausbrachen. Es fehlte nur noch, dass Zettel ausgetauscht wurden. Man braucht nicht zu raten, wo ich saß. Dass Lachen jung hält, bewies meine Nachbarin.

Liz mit ernster Miene und über ihren Brillenrand schauend, klopfte mit ihrem Hammer und es ging los: Bekanntmachungen, das nächste Treffen der Schnatter- und Strickgruppe, vorgesehene Ausflüge und die Geburtstagsgrüße. Kleine, die Stängel in Alufolie eingewickelte Blumensträuße, frisch aus dem Garten gepflückt, wurden unter enthusiastischem Beifall an die monatlichen Geburtstagskinder überreicht. Jenny, die Schatzmeisterin, kam an die Reihe, gab den Kassenstand bekannt und trug eine Kurzfassung der Nachrichten aus der Landeszentrale vor. Präzis und sachlich, pickte sie immer die Ausflugsangebote und Einladungen zu Jubiläumsfeiern anderer Institute heraus, zu denen man sich anmelden konnte. Als Ablenkung und vielleicht auch als Erinnerung daran, dass wir uns nicht in der Hauptversammlung einer Aktienfirma befanden, standen vorne aufgereiht in Marmeladengläsern entlang des Tischs, hinter dem die drei Vorstandsmitglieder für Ordnung sorgten, die Blumen des Monats. Ein Anblick, der mich immer gefreut hat.

Jedes Mal habe ich mir vorgenommen, einen Beitrag zu bringen und immer vergessen, es war schließlich nur reines Glück und ein erinnernder Anruf, dass ich den Termin überhaupt wahrgenommen habe. Mich erstaunte jedes Mal, welche Vielfalt an Blühendem es gab, sogar im tiefsten Winter zart duftender Schneeball, Christrosen, Schneeglöckchen, leuchtendgelbe Märzenbecher und manche Raritäten. Im Sommer zur Rosenblüte ähnelte die Aufstellung einer Balkonbepflanzung. Von T-Hybriden, Historischen Rosen bis Strauch- und Kletterrosen und natürlich die fülligen Englischen Rosen von David Austin, alle waren dabei. Der Gastsprecher durfte das Schönste auswählen, ebenso wie die Lottonummer ziehen. Etwas lernt man sehr schnell, immer 1 Pfund oder wenigstens 50 Pence für die »Raffle Tickets« dabei zu haben. Wie ein geheimer Eintritt und bei jedem Anlass zu zahlen, ging es selten um den Preis, sondern um das Prinzip. So sagten wenigstens die meisten, freuten sich aber riesig, wenn ihre Nummer gezogen wurde und sie zum Tisch vorgehen konnten, um etwas auszuwählen. Als zusätzliche Einkommensquelle gedacht, geht das Rechenmodul nicht immer von schwarzen Zahlen aus, nachdem die Preise gekauft wurden.

Bei größeren Veranstaltungen gibt es immer mehrere Preise und es dauert eine Ewigkeit, bis alle verteilt sind. Skeptiker sprechen sogar davon, dass manche Preise die Runde von einem Event zum nächsten machten, immer wieder gespendet und aufs

Neue verteilt. Unerwünschte Weihnachts-, Geburtstags- und sonstige Jubiläumsgeschenke finden auf diesem Weg neue, in der Regel glückliche Empfänger.

Vor der Verleihung fand der Vortrag statt. Nicht immer bebildert, manchmal sogar unter Mitwirkung der Versammelten, war er stets eine Überraschung und ohne vorherige Empfehlung oder gute Recherchen auch ein Risiko. Angestrebt war eine Mischung von Unterhaltung und Information, möglichst mit Niveau und nicht über gewöhnliche hauswirtschaftliche Themen. 30 bis 40 Minuten waren vorgesehen, mit kurzer Dankesrede zum Schluss. Hierfür wurde auch eine Rota aufgestellt mit insgesamt bis zu zehn Vorträgen im Jahr, meistens aber nur neun, da der Sommerausflug und das Weihnachtsessen als Versammlung zählten, kam über die Jahre jeder dran. War der Vortrag gut und nicht überlang, war es nicht schwierig, mit passenden Wörtern zu danken. In den seltenen Fällen von langwierigen, scheinbar nicht enden wollenden Monologen, konnte man nur hoffen, dass eine der schwerhörigen, aber stets höflichen älteren Damen, bloß nicht eine von den Geschäftsfrauen, an der Reihe war.

Die Qualität mancher Vorträge war erstaunlich, beispielsweise eine Expertin, ehemals Kuratorin bei der National Gallery in London, faszinierte uns 30 Minuten lang über niederländische Blumengemälde des 17. Jahrhunderts. Über die Shaker-Bewegung in Nordamerika haben wir in einem Lichtbildervortrag, der ausgefeilt und professionell präsentiert wurde, gelernt. Zu den wenig erfolgreichen Episoden gehört die wegen des Ausfalls der Vorzutragenden lückenfüllende Erzählung der Dame der Landeszentrale. 80 Minuten über »Eine Reise durch Griechenland mit dem Motorrad« ohne Erlebnisse, aber dafür detailliert über Nebensächliches, hauptsächlich über die Zimmersuche zu berichten, war sicherlich nicht im Sinne des griechischen Fremdenverkehrsbüros. Ich wusste immer, dass die Übung, während meiner Schulzeit langwierige, trockene Veranstaltungen auszuhalten, ohne einzuschlafen, irgendwann nützlich sein würde.

Beliebt bei allen war David Andrew: Klein, mit beginnender Glatze, dafür mit längeren, flatternden seitlichen Haaren, beladen mit Instrumenten, Musiknoten und Requisiten, brachte er Leben in den Saal. Seine Spezialität waren alte Music-Hall-Nummern vom Ende des 19., Anfang des 20. Jahrhunderts, wie auch 40er-Jahre-Lieder. Zu meinem Erstaunen brauchte er sein Publikum überhaupt nicht aufzuwärmen. Sobald er mit der Gitarre anfing, sangen fast alle nach einer Strophe mit. In der Regel geht bei solchen fast spontanen Darbietungen die Luft nach kurzer Zeit aus, es wird nur noch gemurmelt oder geträllert, und erst beim Chor wird es wieder lauter. Aber nicht hier. Die Melodie und der Text wurden in tonvoller Lautstärke bis zum Ende getragen. Und das alles nur nach Tee oder Kaffee. Aufgemuntert, lebhaft und voller Freude, war eine ganz andere Seite von manchen Damen zu sehen: Die konservativsten, sonst am ruhigsten, waren am intensivsten mit dabei. Mit leuchtenden Augen, trillernder Stimme, im Takt klatschenden Händen und nickenden Köpfen war es genau das Richtige. Als es darum ging, ein kleines Stück vorzuspielen, war die englische Zurückhaltung plötzlich verschwunden. Während bei anderen Veranstaltungen die meisten sich zu verstecken suchen, an den Stühlen runterrutschen oder wie gebannt zum Boden schauen, wedelten hier die Hände in der Luft, alle wollten mitmachen. Vorerst ging es an die Rollenverteilung, ein Ehemann mit Zylinder, eine Ehefrau mit weißer Spitzenhaube, die Magd mit Schürze und der Gauner mit Käppchen. Offensichtlich erfahren in solchen Sachen, hatte Mr. Andrew noch mehr Rollen, die vom Orchester, hier mit Löffeln, Glocken und Trommeln ausgestattet, und die Zuschauer, die voll im Geschehen integriert waren. Ganz wie damals zur Blütezeit des musikalischen Theaters sollten sie beim Erscheinen der Magd ihren Beifall und beim Auftreten des Gauners ihr Missfallen zum Ausdruck bringen. Es wurde einmal geprobt, Mr. Andrews dirigierte, und es ging los. Die Kindergartengruppe, die draußen vor der Tür wartete, war ganz perplex, warum es so laut und lustig aus der Halle schallte. Es waren doch nur die Frauen – wenn die nur wüssten!

Der Chauvinist und sein Garten

Manchmal kann man sich täuschen. So ging es Liz und Maureen, als sie nichtsahnend einen Vortrag zum Thema »Mein Garten« für die Damen des Queen-Camel-Fraueninstituts aus der Liste auswählten. Bei so etwas kann normalerweise nichts falsch laufen. Gärten sprechen alle an, und mindestens einmal im Jahr bestellten sie zu diesem Thema einen passenden Lektor. Gärten seien auch von persönlichem Interesse für den Vorstand, da Liz und Maureen schließlich Profis waren, was die Gartenpflege und Staudenbeetgestaltung anging. Wenn nicht mit ihrer Firma »Branching Out« unterwegs, besuchten sie Fortbildungskurse. Die beiden waren nicht die einzigen Gartendamen. Abgesehen von meiner Person war Jo, eine hochangesehene Musiklehrerin bei einer der besseren Privatschulen, dabei, sich in Gärten auszubilden, und machte bereits gute Geschäfte mit ihren Containerpflanzen. Gladys, die während des Kriegs nach Somerset als Mitglied der Landarmee versetzt wurde und hier blieb, war eine tatkräftige Gärtnerin. Mary, früher eine Köchin bei der Dorfschule, bis aus Kostengründen das Essen aus Großküchen bestellt wurde, war alles andere als unbeholfen im Garten. Wir alle freuten uns auf Gartenvorträge.

Lichtbildervorträge sind eine Sache für sich, oft streikt der Projektor oder der Raum ist zu hell oder – am allerpeinlichsten – der Strom fällt aus und irgendjemand muss schnell nach Kleingeld suchen. Dieses Mal lief alles perfekt. Das erste Bild wurde an die Leinwand geworfen, der Kommentar begann. Aus dem Mund eines grauen, schlanken, durchschnittlichen Herrn kamen Sätze, die uns in eine frühere Zeit zurückversetzten. Er würde uns, die Damen vom Fraueninstitut Queen Camel, weder mit Technischem noch mit technischen Begriffen belasten, sondern entsprechend unserer Situation und Stellung anhand von Bildern zeigen, was im Garten möglich wäre. Da wir dem schwachen Geschlecht angehörten, konnte man nicht davon ausgehen, dass wir mit schwerem Werkzeug und Gartengeräten oder gar Mechanischem umgehen konnten oder dies verstehen würden. Deshalb sollten wir die Anregungen weitergeben. In der hinteren Reihe gingen die Augenbrauen hoch, an wen denn wohl? Die Erklärung ging weiter: Er sei lange Jahre bei einer Baumschule tätig gewesen, und jetzt als Rentner nütze er die Gelegenheit, Vorträge vor Gleichgesinnten zu halten. Die Befürchtung von einer »Tony-Blair-Episode« wuchs in mir; aber erst abwarten. Völlig unbewusst über die Wirkung seiner Einführung, fuhr er fort und kam erst richtig in Fahrt: Er würde uns anhand seines Gartens Beispiele vorführen. Obwohl der Diaprojektor funktionierte und die Halle bestmöglich abgedunkelt war, glücklicherweise nicht komplett, sonst würden manche einnicken, war das erste Bild hell, ja verblasst. Sichtbar durch einen fast milchigen Schimmer war ein ovales Blumenbeet mit Wechselpflanzung undefinierbarer Spezies, wahrscheinlich Begonien, umgeben von Rasen. Erstaunlich aber war der Hintergrund. Nur gut, dass die Bilder nicht wie gewöhnlich schnell zum nächsten übergingen, sondern lang an der Leinwand hafteten, denn was wir sahen, war in der Tat die Vorplatzgestaltung einer Tankstelle. Solche Abbildungen kannte ich nur aus Fotodokumentationen der 60er Jahre des Mittleren Westens von Amerika, wo Leere und Ruhe herrschen und wo scheinbar die Zeit still steht. Ungewöhnlich, gewagt, irgendwie auch fremd, und je länger wir hinschauten, desto klarer wurde uns, dass das Dia eindeutig historischen Wert hatte. War das hellblaue Auto nicht ein *Triumph* oder gar ein *Austin*? Wann haben sie aufgehört, solche Wagen herzustellen? Hätte er das Bild noch länger gezeigt, würden wir die Antwort darauf wissen.

Der langsame Bildwechsel wurde zur Strapaze, das Tempo und die Anzahl der Dias in der Kassette deuteten auf eine lange Sitzung hin. Der milchige Überzug war konstant. Langsam bekam ich das Gefühl, das Fotoalbum einer Urlaubsreise durchzublättern, wo alles Mögliche fotografiert und dann die ganze Fülle, nicht sortiert oder selektiert, eingeheftet und vorgeführt wurde. In diesem Fall war es ein Garten mit Rasen, eine Randbepflanzung von gemischten Sträuchern und Beeten am Haus, jeweils aus verschiedenen Winkeln und Entfernungen fotografiert. Es folgten Pflanzenportraits mit Kommentar: *Cotoneaster horizontalis*, »hervorragend«, *Berberis thunbergerii* 'Atropurpurea' »vielseitig« und zur Vervollständigung natürlich *Potentilla* 'Handcock' »unentbehrlich«. Wie drei Musketiere waren sie die Wunderpflanzen der 60er und 70er Jahre, die mit Begeisterung in Baumschulen europaweit aufgenommen wurden. Flächendeckend in öffentlichen Anlagen und Privatgrün eingesetzt, oft in Kombination mit Wacholder und anderen Nadelgewächsen, sorgten sie für monotone Ordnung. Bis Somerset durchgedrungen, stand offensichtlich ein Befürworter vor uns, der diese Botschaft nach über 30 Jahren weiterreichte. Wenn etwas den Gegenpol zum englischen Garten darstellte, dann dieses.

Nach der Pflanzenkunde kam das Praktische. Ein Problem, das alle haben, ist laut diesem Redner das Zurückstoßen und Rangieren von Autos auf dem Grundstück. Frauen hätten am meisten Probleme, wichen auf den Rasen oder Sonstiges aus, aber es gäbe hierfür eine Lösung. Staunend warten wir auf das nächste Bild; wiederum eine Wechselpflanzung, wiederum mit Sommergarnitur in Rot, aber diesmal von rechteckiger Form. Gespannt, was als Nächstes kam, war die Erklärung: Da es bunt war, würde man (Frau?) es sehen, noch dazu, da es sich um Blumen handelte, würde man (Frau) es ungern überfahren, und so rangierte der Fahrer(in) vorsichtig innerhalb der vorgegebenen Fläche. Gestaltung mit Psychologie, was kann man dazu sagen. Bei solcher Logik verschlägt es einem die Sprache. Ich habe darauf gewartet: Weil die Blumen rot sind, funktionieren sie wie Ampeln. Was aber als Nächstes kam, war: »Was ich nicht verstehen kann, ist, warum manche diese Gestaltung mit einer Grabbepflanzung vergleichen.« Bis zu diesem Moment ist es uns bei der beinahe hypnotisierenden, eintönigen Qualität der Bilder nicht aufgefallen, dass das besagte Beet in der Tat die Maße eines Grabs hatte. Auf drei Seiten von Rasen gesäumt, vom Asphalt auf der vierten Seite, war es von einer Leblosigkeit, die an Friedhöfe erinnerte. Bei allem behielt unser Redner seine ernste lehrerhafte Miene bei. Jetzt war es für die weniger Disziplinierten unter uns eindeutig zu viel. Die gute Erziehung flog zum Fenster hinaus. Nur zu gut aus der Schulzeit bekannt und vage im Gedächtnis, tritt nach Langeweile und Anspannung eine Phase ein, wo alles hysterisch komisch ist. So weit war es zumindest in der hinteren Reihe. Die Fingernägel in den Arm drücken, zum Fußboden schauen, bloß nicht die Nachbarin angucken, geht nur eine bestimmte Zeit. Als dann die Schultern vibrierten, die Augen tränten und das Unterdrücken nichts mehr nutzte, und da es der Platznachbarin auch so ging, half nur eines, sich so klein wie möglich zu machen und bloß nicht um sich herumschauen. Darum sitzt man in der hinteren Reihe. Liz, die seitlich saß, war von der Decke fasziniert, manche andere Damen hatten ihre Sonnenbrillen aufgesetzt, andere waren vom Inhalt ihrer Tasche abgelenkt.

Nach weit über einer Stunde ging es dem Ende zu: Der Redner hoffte, dass wir inspiriert seien, einiges weiterberichten würden und Nützliches zur Übertragung in unseren eigenen Garten gesehen hätten. Erleichtert, doch empört, kam leises Wispern; wer war dran mit der Dankesrede? Revolution und Emanzipation hing in der Luft. Solch einem von sich selbst überzeugten Chauvinisten sind wir lange nicht mehr begegnet. Aus welchem Loch ist er herausgekrochen? Und die arme Ehefrau, wenn er überhaupt noch eine hat? Sein Garten in seiner sterilen Nüchternheit, kombiniert mit seiner Überzeugung, übertrumpfte alles. Als der Aufruf zu Fragen kam, meldete sich niemand. Eine Mischung zwischen Sprachlosigkeit, Gelächter und guter Erziehung machte es unmöglich. An diesem Tag waren eindeutig gute Geister am Werk, denn die einzige Person im ganzen Raum, die den Vortrag passend und sogar gut fand, war dran mit dem Dank: »Wie aufschlussreich und praktisch, wir werden es nicht vergessen.« Dem Letzteren konnten wir alle zustimmen.

*Etwas für Pflanzenliebhaber –
der jährliche Pflanzenmarkt in Yarlington House*

Wie Musiker auf Tournee gehen, so sind auch die kleinen Staudengärtnereien und Züchter im April und Mai unterwegs. Seit Jahren finden Liebhaberpflanzenmärkte* landauf, landab statt, oft in den Gärten von Herrenhäusern oder Privatschulen oder in bekannten Gärten. Immer am Wochenende oder an Feiertagen werden sie durch Mundpropaganda, kleine Annoncen in Lokalzeitungen und Plakate am Wegrand bekanntgegeben. Oft schwer zu finden, sind diese Veranstaltungen etwas für Insider. Es ist fast wie ein exklusiver Club, wo man nach einmaligem Besuch Mitglied wird, ein Geheimtipp, den man für sich behält und nur an Gleichgesinnte weitergibt. Teils eine ernsthafte Angelegenheit, teils ein gesellschaftliches Ereignis, sind solche Veranstaltungen etwas für die ganze Familie. Maßgebend für den Erfolg sind der Standort und die sehr englische Art der Organisation, eine professionelle Laienkombination, wo Wohltat und Kommerz auf unaufdringliche Weise zusammenkommen.

Jeder Markt verläuft nach dem gleichen Schema: Der Gastgeber stellt sein Anwesen zur Verfügung, organisiert die Infra-

---

* www.plantfairs.com

struktur, Parkplätze, Beschilderung und Verpflegung und wählt aus, zugunsten welchen wohltätigen Vereins die Eintrittsgelder gesammelt werden. Die Dorfkirche, Krebsforschung und Rotes Kreuz gehören zu den Favoriten. Volontäre fungieren als Parklotsen, sitzen an der Kasse und kochen literweise Tee und Kaffee für die durstigen Besucher. Der Eintritt gilt auch für den Gartenbesuch und ist oft eine einmalige Chance, Anlagen, die sonst absolut privat sind, zu besuchen.

Gleich nach unserem Zuzug nach North Cadbury habe ich Yarlington entdeckt. Das Dorf ist zwar eingemeindet zu North Cadbury und nur wenige Kilometer entfernt, entlang schmaler gerader Pkw-breiter Straßen, die im Sommer durch den überhängenden Bewuchs und Wegrandblumen noch weiter eingeengt sind, aber man gelangt dort in eine andere Welt. Die Siedlung besteht nur aus ein paar Häusern, gruppiert um eine Straßenkreuzung, einer alten Kirche, einem Wirtshaus und einem alten Baum mit einer Schaukel versehen, alles angeschmiegt in einem verborgenen kleinen Tal. Die wenigen Einwohner sind aber sehr eifrig, halten in zweijährigem Rhythmus abwechselnd ein Musikfest oder »Country Fair« ab und unterstützen den Pflanzenmarkt mit Arbeitskräften. Etwa 1 Kilometer vom Dorf entfernt liegt Yarlington House, ein kleines Herrenhaus wie aus einem Bilderbuch: ein hübsches »Georgian«, rotes Ziegelstein-Bauwerk, 1782 auf einer leichten Anhöhe erbaut und um die Haupt- und Seitenfassaden des Hauses mit einem Kranz von Gartenträumen umwickelt. Umgeben von Feldern, die einem mehr wie ein Park als eine Kulturlandschaft vorkommen, hat das Ganze etwas Heimeliges, aber trotzdem Gehobenes an sich, eine perfekte »Gentleman's Residence«, groß genug um zu präsentieren, aber übersichtlich im Unterhalt. Sonst nur auf gezielte Einladung zugänglich, hat das Publikum im Zusammenhang mit dem jährlichen Pflanzenmarkt und zweijährlicher »Country Fair«, die Möglichkeit, den 0,5 Hektar großen Garten und angrenzenden ummauerten Nutzgarten zu besuchen. So ist es ein wahrer Genuss, das Anwesen zu besichtigen, und es ist sinnvoll, sich den Termin frühzeitig vorzumerken. In früheren Jahren bin ich den direkten Weg über die Felder, entlang einer der vielen Wanderwege, die um die Ländereien in North Cadbury herumführen, dorthin gewandert, mehr, weil ich mich selber beim Pflanzeneinkauf bremsen wollte, als aus irgendwelchen Fitnessgründen oder wegen grüner Motive. Jetzt, da ich das Angebot und die Qualität der Ware kenne, weiß ich genau, dass ich der Versuchung nicht widerstehen kann. So stelle ich eine Wunschliste zusammen, fahre mit dem heruntergeklappten Autorücksitz, Kartons und schützender Plane ausgelegt dorthin, bereit für den Transport.

Bereits beim ersten Blick auf das Anwesen ist man sogar bei Regen positiv gelaunt. Der Maßstab stimmt, eine kurze baumgesäumte Zufahrt, gerade lang genug, um einen auf etwas Schönes vorzubereiten, ein gut organisierter Parkplatz, geräumig und auf festem Boden – keine Gefahr, dass man im Matsch stecken bleibt –, und ein eindeutiger, aber sonderbarer Eingang. Wie eine Zugbrücke zur Burg werden für jede Veranstaltung im Yarlington House Holzplanken über das »Ha-Ha*« gelegt. Rollstuhl- und

---

* Ha-Ha, vom französischen »aha-ha«; eine unsichtbare Einfriedung ähnlich einem Graben zwischen Garten und bewirtschaftetem Land, bestehend aus einer etwa 150 Zentimeter hohen Mauer zur Gartenseite und einem Abhang zur Landschaft

kinderwagengerecht, ein Entree mit dem gewissen Etwas. Seitlich unter einem aufgespannten Schirm, strategisch platziert, befindet sich die Kasse. Alle Ähnlichkeiten mit einem Wachposten verschwinden, wenn man die Besetzung sieht: ältere Herrschaften, Freunde des Besitzers oder aus dem Dorf, die mit freundlicher Begrüßung Eintritt kassieren und kurze Hinweise geben. Da der Parkplatz niedriger liegt als der Garten und die Hausebene, wirkt die erhöhte Rasenfläche belebt mit den Ständen wie eine Bühne. Wer möchte, kann sich einfach niedersetzen und dem Kommen und Gehen zuschauen. Aber die meisten zieht es hinein zu den Pflanzen und dem immensen Angebot. Der Markt mit 26 Anbietern erstreckt sich seitlich vom Haus nach hinten zum Hof, ein quadratischer Platz, verziert mit einem fast mittigen Hausbaum, umrandet von Wirtschaftsbauten. Wenn ein Ort prädestiniert wäre als Marktplatz, dann dieser hier. Kein einziger der Verkaufsplätze ist benachteiligt, alle Stände bekommen die Verkaufsfläche, die sie benötigen, und sind voll im Blickfeld. Während manche mit einer Tischfläche auskommen, bringen andere Stellagen mit oder weichen mit den Solitärpflanzen auf die Rasen- oder Kiesfläche aus und richten kleine Baumschulen ein.

Stauden sind eindeutig in der Mehrzahl, wobei sowohl das Angebot wie auch die Präsentation beeindruckend sind. Statt die Pflanztöpfe einfach aneinanderzureihen, wurden sie liebevoll sortiert und zu kleinen Blumenarrangements komponiert: Nelkenwurz *(Geum)*, vor allem leuchtend orange 'Mrs. Bradshaw', purpurne Köpfe von Zierlauch *(Allium afflutense)* und Kratzdistel *(Cirsium)*, strahlten aus der Masse. Die Auswahl ist erstaunlich, von guter Qualität und es ist schwer, dem allen zu widerstehen. Kletterpflanzen, Rosen und Clematis aus Cornwall. Blühende Gehölze wie Weigele, Deutzie, Azaleen und Japanischer Ahorn von Bentley Plants bei Salisbury, aber auch Exotisches wie Baumfarne und Bananenstauden waren vorhanden. Nicht nur Zier-, sondern auch Nutzpflanzen wurden angeboten: Kürbis-, Gurken-, Tomaten- und Bohnenpflänzchen, allerlei Kräuter für die Hobbyköche unter den Besuchern. Sortiert und logisch ausgestellt, war der Umfang an Kräutern und Gewürzen von Glenholme Herbs überraschend: mehrere Arten von Basilikum, unter anderem eine strauchartige afrikanische Sorte, *Ocinum* 'African Blue' mit dunklen festen Blättern und rosa-violetten Blüten, Thymian in allerlei Variationen, wie auch Salatsorten.

Am Rande des Platzes, untergebracht in einer alten Scheune, waren die »Teas«; hier ist immer mehr als nur das Getränk gemeint. Klapprige Tische, überzogen mit Tischdecken, schwerbeladen mit Schokoladentorten, Zitronenkuchen, hausgemachten Keksen und »Brownies«, verführerisch und lecker, alles von den Damen des Dorfs gefertigt, warteten auf die Besucher.

Höhepunkt waren eindeutig die »Bacon Babs« – gegrillter Schinken in Semmel, wahlweise mit einem Schuss brauner, würziger *HP-Sauce*. An kalten Tagen gibt es nichts Besseres, und der tapfere Gentleman, der »Bacon« fast wie am Fließband an seinem kleinen Grill produzierte, kam kaum mit den Bestellungen nach. An seiner Seite, zuerst etwas abseits und nicht ganz bei der Sache, stand seine Teenagertochter, die mit jedem glücklichen Kunden enthusiastischer wurde, bis sie ihre anfängliche Scheu vergaß. Kassiert wurde von Hamish, einem Steuerberater, der wie jeder seine neue-alte Rolle mit Humor und Genauigkeit ausübte. Die Tische für die Gäste waren ein absolutes, flohmarktwürdiges Sammelsurium, liebevoll mit bunten Tischdecken und kleinen Marmeladengläser-Blumenarrangements verziert, dazu unterschiedliche Generationen von Stühlen, die den »shabby chic look« neu definierten. Passend zum Thema war die kleine dreieckige Fahnenkette drapiert zwischen den Balken und entlang der Wände, nicht wie üblich aus blauen, gelben und roten Tüchern, sondern aus vielerlei Stoffresten. Sie wirkte wie eine lang gestreckte Patchworkdecke, leicht verblasst, aber absolut individuell. Tee, stark und schwarz, sowie Kaffee, dünn aus der Dose, wurden selbstverständlich in Porzellantassen mit Unterteller, nicht immer passend, aber eben, wie es sich gehört, nicht in Wegwerfgeschirr serviert. Der Kuchen wurde auf weichen Papptellern, aber mit Serviette überreicht. Ebenso gemischt wie die Servierart war das Publikum, von älteren Damen aus gutem Hause bis zu verwegenen jungen Frauen in blumengemusterten Kleidern über engen Hosen mit aufgetürmtem »Vogelscheuchen-Haar«, was zwar Lässigkeit ausstrahlte, aber eine Kunst für sich ist. Junge Familien mit Kindern, die scheinbar direkt den Seiten des Versandkatalogs entsprungen sind, hatten freien Lauf zwischen den ernsthaften Pflanzenjägern. Zwischen Parkplatz und Markt war ein reges Kommen und Gehen. Plastiktüten, Körbe und Kartons voll mit Pflanzen wurden verstaut, und wenn das Geld ausgegeben war, blieb das seltene Vergnügen, den Garten anzuschauen.

Der perfekte englische Sommer –
Rosen, Erdbeeren und Champagner

Die Sommerferien liegen ganz falsch. Eigentlich müsste man in England dem schwedischen Modell folgen und Juni und Juli freinehmen, statt sich auf den August zu konzentrieren – schließlich hat man so viel von Schweden übernommen, Volvos, Agas, Ikea und nicht zuletzt Abba. Sogar die Iren machen es richtig, denn hier dürfen die Schulkinder fast drei Monate Sommerferien genießen. Gekennzeichnet von langen, scheinbar nicht enden wollenden Tagen, wo es erst, wenn es nicht gerade regnet, um 22.00 Uhr dunkel wird und wo der nächste Tag bereits um 4.00 Uhr beginnt, wenn man nach meinem persönlichen Weckorchester, dem Vogelgesang geht, sind Juni und Juli einfach die Sommermonate. Das Licht zieht einen nach draußen, man saugt die Sonnenstrahlen auf, und die Entscheidung, welche der zahlreichen Sommerveranstaltungen man besuchen soll, fällt schwer. Die Ablenkungen vom Schul- oder Arbeitsgeschehen sind einfach zu groß. Wer kann sich auch auf die Prüfungen oder Abschlussexamen konzentrieren, wenn in Wimbledon oder Lords gespielt wird?

Dass es Sommer ist, spürt man nicht unbedingt an den Temperaturen, sondern an der Bekleidung. Nach altem Brauch tragen die Schulkinder, vor allem die Grundschüler, ihre Sommeruniform bereits gleich nach den Osterferien. Graue kurze Hosen für die Jungen und karierte Kleider, je nach Schule in Rot, Grün oder Blau, werden selbstverständlich mit weißen Socken von den Mädchen getragen. Das sehr englische und für ausländische Besucher kuriose Vorkommen von »blauen« oder schweinchenrosafarbenen Beinen, sonst nur in Irland und Schottland anzutreffen, fasziniert und schreckt ab zugleich. Egal wie warm oder, in den meisten Fällen, wie kalt es ist, Söckchen sind Pflicht. So lernt man frühzeitig tapfer zu sein, durchzuhalten und sich abzuhärten, ein Vorteil fürs Leben. Nicht nur die Kinder tragen eine Uniform, sondern auch, vielleicht als Überbleibsel aus der Schulzeit, manch anderer. Es ist, als ob es eine ungeschriebene Kleiderordnung gäbe. Panama- und Strohhüte ersetzen die sonst obligatorischen Regenmützen und Kappen, und egal wie das Wetter ist, eben weil es Sommer ist, tragen die Damen geblümte Sommerkleider oder wallende Röcke zu hellen, leichten Blusen. Die Versandfirma Boden, gegründet von Alt-Etonian Johnnie Boden, hat den Geist der englischen Sommergarderobe in seinem Katalog* genau getroffen und hat damit riesigen Erfolg. Sowohl für Damen als auch für Herren und sogar für die Sprösslinge bietet er das Passende, Bekleidung »very british«. Besucht man beliebte Strände in verschiedenen Gegenden wie Cornwall, Devon oder Dorset (wo Johnnie Boden auch ein Haus hat), sieht man ganze »Boden-Familien« fröhlich bei jedem Wetter im Sand spielen, Burgen bauen oder Picknicken, als ob sie aus dem Katalog entsprungen seien.

---

* www.bodendirect.de

Da ich eine deutsche Mutter hatte, bekam ich wenig von den »richtigen« englischen Erziehungsmethoden mit. Marmite, ein Rindfleischkonzentrat als Brotaufstrich, eine besondere kulinarische Spezialität des englischen Sprachraums und Leibgericht von Jung und Alt mit faszinierenden Abwandlungen, bin ich erst bei meiner Rückkehr nach England begegnet. Kuchenbacken musste ich aufs Neue erlernen, von Kricket hatte ich keine Ahnung und Vereinen durften wir nie beitreten, hier waren Mamas Erinnerungen an den BDM zu stark. Am meisten unterschieden wir uns in der Bekleidung, denn wir haben uns immer, egal zu welcher Jahreszeit, dem Wetter entsprechend angezogen. Bis Marks & Spencer dicke Wollstrumpfhosen in ihr Sortiment aufnahmen, mussten wir alles aus Deutschland importieren. So kommt es in manchen Jahren vor, dass, während ich eingemummt und mit dicken Stiefeln auf der Chelsea Flower Show herumlaufe, einige Damen in dünnem, aber exquisitem Schuhwerk, passend zu ihren pastellfarbenen Kleidern und zarter Kopfbedeckung flanieren. Chelsea ist nämlich der Auftakt der britischen Sommersaison, immer beginnend um die dritte Woche im Mai, die erste offizielle Veranstaltung im Freien und eine Chance, die Sommergarderobe auszuführen. Hier werden die Sommerhüte erstmals gelüftet, die Pimms-Stände und Champagner-Flaschen geöffnet und der englische Sommer begrüßt.

Was man anzieht und was man trinkt, läuft nach einer erprobten Formel, egal ob es sich um Ascot (hier sind die Hüte spektakulärer), Wimbledon (bescheidener), British Grand Prix (zweckmäßig), Henley Royal Regatta (windfest) oder Polospiele (schmeichelnd) handelt. Champagner gehört einfach dazu, gute französische Marken von bekannten Häusern, die oft Sponsoren der Veranstaltung sind. Laurent-Perrier steht seit Jahren hinter einigen der schönsten Schaugärten auf der Chelsea Flower Show, und Polo wäre ohne Veuve Clicquot undenkbar. Veuve Clicquot veröffentlicht zur Sommersaison schließlich einen Veranstaltungskalender* in seiner markanten orangen Hausfarbe, den jeder im Internet konsultieren kann.

Es werden mehr Flaschen Champagner auf den Britischen Inseln als in Frankreich selber getrunken. Das Nobelgetränk gehört einfach zum guten Ton und liefert oft den notwendigen Schwung. Die Marken sind so bekannt wie in anderen Ländern das Bier, erstaunlich, wenn man bedenkt, wie viel Steuer auf Champagner erhoben wird. Hierbei lohnt sich die jährliche Einkaufsfahrt über den Ärmelkanal. Während Champagner ganzjährig zu jedem Anlass ausgeschenkt wird, ist Pimms** ein reines Sommergetränk. Es wird aus großen Glaskrügen in hohe Becher ausgeschenkt und ist am besten vergleichbar mit einer Bowle – Alkohol mit Obstsalat und einem Strauß voller Minzeblätter. Erfrischend, aber stark sind die Zutaten von Pimms Nummer 1, bis auf den Gin ein Geheimnis. Verdünnt 1:3 mit Limonade und angereichert mit Scheiben und Stückchen von Stangengurken, Äpfeln, Orangen und Erdbeeren, ist das Getränk für meinen Geschmack einen Hauch zu süßlich und, trotz aller Liebe zum Grünen, zu voll mit Vegetation. Bei der Frage, ob das Obst gegessen wird oder nicht, gibt es die unterschiedlichsten Meinungen. Zu groß zum Runterschlucken und zu klein für eine Gabel, sind die Anlässe in der Regel zu fein, sodass man Hemmungen

---

* www.clicquot-season.com/season/
** www.anyoneforpimms.com

hat, mit den Fingern hineinzugreifen. Wer selbstbewusst genug ist, tut es sowieso.

Entsprechend des gärtnerischen Themas ist der Pimms-Stand auf der Chelsea Flower Show immer umlagert, als ob die Üppigkeit in den Gläsern die Fülle der Gärten widerspiegelte. Gerade zur Pimms-Zeit sind alle Gärten am prächtigsten, überladen mit Blüten steht jede Pflanze im Wettkampf und streckt den Kopf, um gesehen zu werden. Die Staudenbeete verwandeln sich zu stets changierenden Kunstwerken. Bei den wechselnden Wetterverhältnissen ändern sich die Dimensionen kontinuierlich, und man kann nie voraussagen, wie groß alles wirklich wird. Regnet es viel, gleichen die Staudenbeete einem Minidschungel mit vielem Grün und spärlichen Blüten. Scheint die Sonne, füllt zarter Duft die Luft und steigert sich an den wenigen warmen Abenden, an denen man bis zur letzten Minute im Garten bleiben möchte. In vielen Gärten ist an den Wochenenden Grillzeit angesagt, die Freiluft-Freizeit-Hobbyköche werden nach draußen gelockt und beweisen ihre Bratkünste. Grillduft erfüllt die Luft, und die oft begleitenden Rauchwolken verdrängen das einzigartige Parfüm des Gartens.

In North Cadbury merkt man, dass der Sommer da ist, wenn die ersten Erdbeeren auf Teds Theke stehen. Kleine Schalen, eine glänzende, reife, rote Frucht aus den Feldern des »Vale of Camelot«. Das erste »Vale of Camelot« lag zwischen North Cadbury und Woolston, war im ganzen Umland bekannt und hatte auf mehreren Hektar ein riesiges Angebot an Beerenobst: Erdbeeren, Himbeeren, Brombeeren und sämtliche Variationen wie Tayberries sowie Rote und Schwarze Johannisbeeren. Martin, der Betreiber, hatte auch eine kleine Baumschule, bestückt mit Pflanzen von Kleinproduzenten aus der Umgebung, erstaunlich gute Ware und interessante Sorten, die ihren Weg in unsere Gärten fanden. Es war ein Treffpunkt im Sommer, vom Dorf aus ging man zu Fuß oder kam mit dem Fahrrad dorthin. Die Kinder wurden losgeschickt, um das Marmeladen-Obst aus den alten Feldern zu pflücken. Stück für Stück wurde das Land verkauft, bis nur ein Feld übrig blieb, und als Martin das Rentenalter erreichte, wurde auch dieses Feld abgegeben. Zwei Jahre lang haben wir dem »Vale of Camelot« nachgeweint, bis plötzlich 2008 die ersten Himbeeren auf Teds Theke erschienen. 2009 wurde es offiziell, kleine Merkblätter wiesen auf den neuen Standort hin, in verkleinerter Form, etwas weiter entfernt vom Dorf, hat Martins Sohn Ollie ein Feld übernommen und das »Vale of Camelot« wieder ins Leben gerufen. Versteckt hinter hohen Hecken würde man, gäbe es nicht die absolut passenden Hinweisschilder, glatt daran vorbeifahren. Noch in der Entstehungsphase, sind die Pflanzen zwar jung, aber überaus ertragreich. Das ganze Areal macht einen gepflegten, erstaunlich ordentlichen Eindruck, was dem etwas zerzausten, jungenhaften Aussehen von Ollie widerspricht. Lichtjahre von den billigen Allerwelts-Supermarkt-Erdbeeren der Sorte »Elsanta« entfernt, die ihren Geschmack gegen Schönheit ausgetauscht haben, schmecken die heimischen, frisch gepflückten Erdbeeren so gut, wie sie riechen. Vormittags geht es auf den Feldern ruhiger zu, aber nach Schulschluss ist Hochbetrieb, nur schade, dass es keine »Erdbeerferien« gibt.

*Mit den Damen von Queen Camel unterwegs –
ein Besuch in SKH Prinz Charles' Garten Highgrove*

Nach drei Jahren war man an der Reihe. Die Teilnehmerzahl war auf 30 begrenzt, eine Namensliste war gewünscht, Änderungen seien nicht möglich und jeder sollte sich mittels Pass oder Führerschein ausweisen. Man sollte pünktlich zur angegebenen Zeit erscheinen, keine Minute früher, keine Minute später, Pkws unerwünscht. Wir, die Damen vom Fraueninstitut Queen Camel, durften Prinz Charles' Garten in Highgrove*, nördlich von Bath, besuchen. Alle hatten längst vergessen, dass damals zur Wiedergründung des Queen Camel Women's Institute Liz und Maureen einen Brief nach Highgrove geschickt hatten, und jetzt wurden Lose gezogen. Die Ausflugssekretärin bestellte den Bus, die Abfahrtszeit wurde genauestens berechnet, die Spannung wuchs und man freute sich, den königlichen Garten besuchen zu dürfen.

Als sich die Gruppe an der Bushaltestelle vor der Gemeindehalle sammelte, war es offensichtlich, dass es sich hier um etwas Besonderes handelte. Ohne sich vorher abzustimmen, hat jede

---

* Seit 2010 erweiterte Besuchsmöglichkeiten, auch für einzelne Besucher. Information unter www.highgroveshop.com/highgrove-garden.aspx

für sich entschieden, sich der Ehre entsprechend zu kleiden. Die Hüte waren umwerfend schön, Strohgeflecht mit und ohne Blumenschmuck, durch farbige Bänder abgesetzt. Wir waren doch bei HRH – His Royal Highness – eingeladen. Leider hat die Busgesellschaft diese Botschaft nicht erhalten und schickte einen Dritte-Welt-Bus – in Kenia haben sie bessere und neuere Busse als in Süd-Somerset – samt einer ahnungslosen Blondine, die vermutlich nie außerhalb der Grafschaft war. Wir sollten schließlich nach Gloucestershire fahren. Der Zeitplan war kritisch, leichtes Grübeln war nach 45 Minuten Fahrzeit angesagt, warum hielten wir auf einem Parkplatz in Bath an? Der Grund war wenigstens für unsere Fahrerin einleuchtend, eine Toilettenpause. Ältere Damen waren an Bord, und man konnte nie wissen. Besser war es, Vorsichtsmaßnahmen zu treffen. Niemand stieg aus. Wichtige Minuten vergingen, das Murmeln wurde lauter, es war Zeit einzugreifen.

»Weiß die Fahrerin, wo wir eingeladen sind?«
»Ja, in einem Garten.«
»Von Prinz Charles.«
»Was?«
»Ja, um 14.30 Uhr.«
»Oh! Dann sollten wir losfahren ... Wo ist der Garten?«

Gut, dass wir das geklärt haben, sonst wären wir Gott weiß wo und wann angekommen.

Bath liegt in einer Mulde, von Süden geht es bergab ins Zentrum, nach Norden, Richtung Highgrove, bergauf. Bath ist auch von den Stadtplanern mit einem Verkehrssystem versehen worden, das ausgesprochen verkehrsfeindlich ist. Kenner wissen es und lassen die Autos außerhalb – Park + Ride ist was Feines. Die

Uhr tickte, wir umkreisten Bath immer noch, bewunderten die Architektur, sprachen von Jane Austen, von *Stolz und Vorurteil*, und lenkten uns ab, bis endlich der Anstieg nach Norden begann. Beinah hätten wir den Bus schieben müssen – gedanklich haben wir es bereits ab Beginn der Reise getan. Abgase drückten herein, man rutschte nach vorne, weg vom Gestank. Gut, dass nur 30 Personen eingeladen waren, sonst hätten die hinten Sitzenden sicherlich auf dem Schoß der vorderen sitzen müssen.

Mit zwei Minuten Spielraum kamen wir endlich am Wachposten von Highgrove an. Beinah hätten wir die Einfahrt übersehen. Hier bestätigte sich wiederum eine Grundregel fürs Leben: Je wichtiger und qualitätsvoller das Anwesen, desto bescheidener sind das Schild und der Eingang. Pässe wurden vorgezeigt, Listen abgehakt, Instruktionen erteilt, wir sollten nur mit der zugeteilten Führerin den Garten besichtigen, die Busfahrerin muss im Bus bleiben, Fotografieren und Filmen nicht erlaubt. Handys sollten ausgeschaltet bleiben. Eine unverwechselbare feine Dame aus gutem Haus hieß uns auf Highgrove willkommen und prüfte, ob alle gut zu Fuß waren – manche waren es nicht, aber sie wollten partout die Chance nicht verpassen und nahmen sich zusammen. Man bat uns zusammenzubleiben, da die nächste Gruppe in Bälde starten werde.

Bilder bereiten einen auf manche Gärten vor, aber nichts konnte die Schönheit dieses Gartens festhalten. Er war umwerfend. Gerade weil Fotografieren untersagt war, war man gezwungen, sich die Bilder einzuprägen, wie einen Film, den man später nach Belieben abspielen konnte. Die Führung begann am Ende der Hauptachse, zuerst in einem halbrunden Heckenraum, dann öffnete sich der bekannte und viel veröffentlichte Blick der imposanten Vista entlang: Ein Fleckerlteppich von Polsterpflanzen, die nebeneinander und umeinander wuchsen, verdeckte den breiten Weg, der ab und zu wie Trittsteine erschien. Flankiert von goldenen Eiben, jede in einer anderen, ausgefallenen Form geschnitten, eine besondere Vorliebe von Prinz Charles. Dieses Ensemble erinnerte ein wenig an Barnsley House, den berühmten Garten von Rosemary Verey, und es war nicht erstaunlich zu hören, dass sie den Prinzen bei der Planung unterstützt hat.

Ein weiterer maßgebender Berater war Sir Roy Strong, verantwortlich für den geschwungenen Verlauf der Eibenhecken, verziert mit Schnittkunst, die wie eine dichte Mauer die Vista säumte. Während unseres Rundgangs wurde deutlich, wie viele Berater im Garten tätig waren. Wie eine Anwesenheitsliste der großartigen Kräfte der Garten- und Kunstszene, hinterließen sie ihre Spuren und bereicherten den Garten. Aber was Prinz Charles von manch einem Bauherrn unterscheidet, ist die Fähigkeit, Ratschläge von anderen an Bord zu nehmen, sie sinngemäß zu interpretieren und sie dann zu seinem eigenen Stil zu machen.

Nach der Großzügigkeit der Achse wirkte der seitliche Trampelpfad durch eine Waldpartie schmal und dunkel. Nicht zu wissen, was vor einem lag, war spannend, und wir wurden nicht enttäuscht. Wie aus einem Märchen – es fehlten nur die Feen – betraten wir eine Lichtung, übersät mit satten, grünen Blattschmuckstauden, Schaublatt, Funkien noch und noch, allerlei Farnen und dazwischen knorrigem Wurzelwerk. Das *Hosta*-Sortiment war erstaunlich und bewundernswert. Höhepunkt jedoch war der Tuffsteinbrunnen, gekrönt mit *Gunnera manicata*, einer riesigen, rhabarberähnlichen, aber absolut nicht essbaren Pflanze, der sich nach oben und seitlich streckte wie widerborstiges Haar. Vorab wurde uns erklärt, dass alles im Garten nach ökologischen Prinzipien bewirtschaftet wird, ein Thema, über das Prinz Charles inzwischen ein einleuchtendes Buch, *Königliche Bio-Gärten**, geschrieben hat. Der Griff zur Chemie, der bei den englischen Gärtnern sonst üblich ist, wird zumindest in Highgrove untersagt. Hier läuft alles nach ökologischen Prinzipien. Offensichtlich fühlten sich die Pflanzen bei diesem Regime wohl, aber wie war es mit den Schnecken? Sie wurden eingesammelt, die acht Gärtner und ein Head Gardener wurden regelmäßig auf Schneckenjagd geschickt.

Vom Schattengarten ging es im nahtlosen Übergang zum »klassizistisch-arkadischen« Garten, wiederum einer Lichtung, diesmal aber eine ruhige Rasenfläche mit zwei sich gegenüberstehenden, klassisch angehauchten Bauten, wie man sie in den englischen Landschaftsgärten findet. Entworfen vom begabten Ehepaar Julian und Isabel Bannerman, die vieles im Garten gestaltet haben, wirken sie wie Relikte einer früheren kultivierteren Epoche, in der Muße und Kontemplation angesagt waren. Nach dem lebhaften gärtnerischen Teil tat es gut, zur Ruhe zu kommen. Es wäre schön gewesen, länger zu verweilen, aber wir mussten weiter, an den Spielhäuschen der jungen Prinzen vorbei, weiter durch den Wald zu einer Gartenpforte.

Vieles wird erzählt über Prinz Charles' Einstellung bezüglich Lebensmitteln und Landwirtschaft. Hier in Highgrove konnten wir es selbst bewundern. Der Nutzgarten, untergebracht zwischen hohen, schützenden Ziegelmauern, ist ein Reich für

---

* SKH der Prinz von Wales und Stephanie Donaldson, Highgrove Clarence House, Birkhall, *Königliche Bio-Gärten*, Herford, 2007

sich. Wenn es ein Paradies gibt, dann liegt es hier. Die Bewunderung wurde lauter. Hier, in einer Serie von rechteckigen Räumen, geviertelt mit umlaufenden Wegen und einem Kreuzweg, von der Draufsicht aufgebaut wie die Flaggen von England und Schottland, wird der Anbau von Obst und Gemüse wie auch Schnittblumen für das Haus zelebriert. Allzuoft liegen heutzutage die alten »Walled Gardens« brach, Relikte einer anderen Zeit, als die Küche vom Garten und nicht vom Supermarkt versorgt wurde. Was wir sahen, war eine Anhäufung von Farben, Düften und Formen, sodass jeder von uns tief einatmen musste. Es gab einfach zu viel zu sehen und Potenzielles zu probieren. Wiederum war die Versuchung groß, aber die gute Erziehung und die Blicke der anderen – es waren doch ehemalige Lehrerinnen dabei – setzten sich durch. Buchshecken fassten die Beete ein, Bogengänge und Apfelspaliere, unterpflanzt mit Helleboren, boten Schatten und erhöhten die Produktionsfläche. Für mich war der Einfluss der Dowager Countess of Salisbury, Schöpferin von Cranborne Manor Gardens in Dorset, spürbar. Auch sie hat Prinz Charles beraten, und wie bei den anderen Experten hat er zugehört. Pflanzen wurden zur Architektur, die Zieräpfel *Malus* 'Golden Hornet' um die zentralen Becken wie Lutscher zugeschnitten, alle Blicke waren gerahmt. Die Liebe zum Detail war auch hier ersichtlich, jedes Gartentor, eingesetzt in die Mauer, war leicht unterschiedlich, mal mit einer Kugel, mal mit einer Pyramide gekrönt, alle in Altrosa, der Lieblingsfarbe der Königinmutter, gestrichen.

Aus der Wärme und dem lichtdurchfluteten Nutzgarten führt der Weg durch das kleine Arboretum, durchsprenkelt mit Ahornbäumen verschiedenster Arten, zur Privatkapelle. Das

Bauwerk ging auf den Ursprung der christlichen Kirche zurück, hatte etwas Byzantinisches, Uriges, fast Bayerisches an sich. Vom Gefühl hatte es für mich viel Ähnlichkeit mit der kleinen Pilgerkapelle Maria Einsiedel, versteckt zwischen Bäumen an der Isar in der Nähe des Münchener Tierparks.

Ob es an dem kleinen Turm oder der gerundeten Mauer lag oder einfach an der Lage abseits im Wald, es war, als ob das Bauwerk immer dort gewesen sei, statt erst seit dem Jahr 2000. Was alle erstaunte, war, wie viele besinnliche Bereiche es im Garten gab, jeder mit einem leicht unterschiedlichen Charakter, alle aber von einem menschlichen Maßstab durchsetzt. Langsam wurden die Füße müde und die Augen überladen von Eindrücken. Mit einem Abschiedswinken an den übermenschgroßen Buchsbaumfrosch war der Schatten zu Ende und wir waren wieder im offenen Teil.

Jetzt führte unser Rundgang zielstrebig auf das Haus zu, entlang eines breiten Rasenwegs, gesäumt mit Lindenbäumen, durch eine Wiese. Hier wie im ganzen Garten waren wir vom Blick angezogen, noch weiter und tiefer in den Garten zu drängen. Schaute man nach links und rechts, wurde die gekonnte Bepflanzung des Wegrands deutlich. Zwischen den hohen Gräsern lugten purpurfarbene, fast schwarze Tulpen, 'Queen of the Night', hervor. Dame Miriam Rothschild, bekannt für ihre beispielhaften Blumenwiesen in Ashton Wold, hat Prinz Charles bei der Anlage seiner Wiese beraten und die Saatmischung selbst zusammengestellt. Das Resultat, eine Mischung aus Gärtnerischem und Naturhaftem, ist ungewöhnlich, sogar exzentrisch, aber durchaus passend. Die Tulpen werden jedes Jahr neu gesetzt, die Wiese aber nach traditioneller Art im Juli gemäht. Inzwischen ist die jährliche Tulpenaktion auch für einen Prinzen zu viel und bläuliche Präriekerzen *(Camassia)* wurden eingesetzt, die sich Jahr für Jahr halten.

Wir waren vor dem Hauptportal von Highgrove House angekommen. Zum Erstaunen aller war das Haus viel kleiner als vermutet, mehr »small country house« als königlicher Landsitz. Bescheiden, von keiner großartigen architektonischen Qualität, erinnerte es an viele andere Landhäuser im Süden von England. Erworben 1980 von der Familie Macmillan, war Highgrove stets als privates Refugium gedacht, ein Ort, wo Prinz Charles seinen Prinzipien und Philosophien nachgehen konnte. Hier zählte nicht nur das Aussehen des Hauses allein, sondern auch das Gesamtgefüge des Gartens und der Ländereien.

Seitlich am Haus lag, wie ein Kabinett, der alte Rosengarten mit Gittertor am Ende und Blick über die Blumenwiese. Hier war ein häuslicher Maßstab, der bei allen in der Gruppe Anklang fand und wo viele gern länger geblieben wären, denn dieser Teil wurde in ein »schwarz-weißes Parterre« verwandelt. Vielleicht als Hommage an das Alte, aber mit subtilen Änderungen, wurden Beetpflanzen durch Stauden und Tulpen, Rosen und Wicken ersetzt, alle von wulstartigen Buchshecken gebändigt. Um diesen Gartenteil am besten zu bewundern, musste man direkt unterhalb der Fenster stehen und der Versuchung widerstehen reinzuschauen. Als gut erzogene Gartenbesucher wussten wir die Privatsphäre zu respektieren und die Neugier zu bändigen, auch wenn es manchmal schwergefallen ist.

Die Führung ging weiter, und jetzt standen wir am Beginn der langen Achse, die wir anfangs bewundert hatten. Während manche barocke Achsen dominant und kühl wirken, wurden hier zwar die Grundprinzipien eingesetzt, aber angepasst an die Größe des Hauses, an die Lage und auch an den Charakter des Hausherrn. Architektur und das Gärtnerische kamen hier auf beispielhafte Art zusammen. Dass die Natursteinplatten nur hie und da wie Löcher im Tweedstoff durchschimmerten, dass die Eiben jeweils eine individuelle Ausstrahlung bei annähernd gleicher Gestalt hatten, knüpfte an die Essenz des Englischen Gartens an. Nur als visuelles Vergnügen, aber als ungewöhnliches Bindeglied zwischen dem Haus und den Ländereien, ist das Ganze eine Spielerei und vielleicht auch ein Luxus. Wiederum wäre es schön gewesen, länger zu verweilen, die Düfte einzuatmen und sich den Blick noch besser einzuprägen, aber es gab noch mehr.

Nach über einer Stunde unterwegs meinte man, am Ende angelangt zu sein, es sei keine weitere Steigerung möglich, aber wie jede gute Führung – und diese war wirklich exzeptionell: informativ, nicht zu lehrerhaft, gut vom Tempo und keineswegs steif – mit einem Höhepunkt zum Schluss. Parallel zur Hauptachse lag ein länglicher Gartenraum, traditionell, wie man es von anderen englischen Gärten kennt, bestückt mit Ziergehölzen und Blumenrabatten. Ein Cottage-Garten für sich, etwas Gewöhnliches, der wie ein ruhiges Zwischenspiel wirkte. Während der Führung herrschte eine respektvolle Ruhe, man nickte, lächelte, flüsterte, aber jetzt in einem vertrauten Umfeld wurden die Kommentare lauter: »Was ist das für eine Pflanze?«, »Die haben wir auch im Garten« und »Die Blüten sind hier doch früher dran …«

Nach diesen überwältigenden Eindrücken brauchte jede von uns etwas Abstand, eine Chance zu reflektieren und alles zu verdauen. Als krönender Abschluss wurden wir zum Tee gebeten. Eigens für Veranstaltungen wurde eine Art Scheune, »The Orchard Room in der Nähe der Wirtschaftsbauten«, errichtet. Unter Verwendung von traditionellen Handwerkstechniken, inzwischen etwas Seltenes in England, aber auch ein Steckenpferd von Prinz Charles, hat der Holzbau etwas Altertümliches, Vertrautes an sich. Runde Tische, geschmückt mit bunten Decken und einfachen Blumengestecken, füllten den Raum, Teegeschirr mit Wappen von Highgrove stand bereit, wie auch Teller von Duchy-Original-Teegebäck. Heitere Gespräche und glückliche Gesichter füllten den Raum, Earl Grey oder Darjeeling erfrischte die müden Damen, man durfte sitzen und plaudern, weitere Fragen stellen und Revue passieren lassen. Wer noch Energie hatte, konnte den kleinen Innenhof, den maurischen Garten oder den so genannten Teppichgarten, von Prinz Charles gesponsert und auf der Chelsea Flower Show 2001 ausgestellt, besichtigen. Genau wie man es erwarten würde, war der Shop erlesen, qualitätsvoll mit Produkten von Duchy Originals, Prinz Charles' organischer Lebensmittelmarke, Büchern über Highgrove und auch Pflanzen und Beiwerk ausgestattet. Stolz beladen mit knallroten Papiertüten voll mit Souvenirs und Mitbringseln, gesättigt mit Eindrücken und trotz müder Füße heiter und glücklich, hatten wir keine Probleme, unseren Bus zwischen den schicken, sauberen, glänzenden Gefährten zu finden.

Gesprächsthema für diejenigen, die die Augen auf der Rückfahrt offenhalten konnten, war die Tatsache, dass der Gartenbesuch samt Führung und Teatime kostenlos war. Man konnte zugunsten des Wohltätigkeitsvereins des Prinzen spenden, der auch vom Gewinn des Ladens profitiert, aber es sei schließlich jeder Gruppe freigestellt. Vielleicht ist es auch gut so, denn wie lässt sich der Wert eines Gartens ermessen? Keiner weiß wirklich im Voraus, wie der Garten von Highgrove aussieht. Auch wenn man die Bücher gelesen und die Bilder angeschaut hat, kann kaum etwas einen darauf vorbereiten. Der Garten mit 6 Hektar ist so geschickt angelegt, dass er wesentlich größer erscheint, und der Umfang an Ideen ist einfach grandios. Wo sonst kommen Vorschläge von so einer bekannten Person auf so harmonische Art und Weise zusammen, sodass ein Gesamtkunstwerk geschaffen wird? Highgrove ist ein dynamischer Garten, der ständig ergänzt wird. Neue Bereiche kommen dazu, andere werden leicht umgestaltet. Ein Ort, an dem die persönlichen Leidenschaften in Privatsphäre umgesetzt werden, ein Refugium, das für einige Tage im Jahr mit einem interessierten Publikum geteilt wird. Prinz Charles fördert die bildenden Künste im breitesten Sinn, wunderschöne Plastiken verzieren und beleben den Garten, mit Bedacht verteilt, jede mit der Umgebung abgestimmt. Jede von uns hatte ihren Lieblingsteil vom Garten und nahm etwas von Highgrove mit.

Das Fotografierverbot hat etwas Gutes bewirkt, statt Highgrove durch eine Kameralinse zu betrachten, war man gezwungen, alles mit eigenen Augen richtig zu sehen. So konnte man die Bilder besser speichern und, wie einen individuell zusammengesetzten Film, auch Jahre nach dem Besuch abspielen. Für die Damen, die nicht mitfahren konnten, wurde beim nächsten Treffen ein kurzer Bericht gehalten. Dabei wurden selbstverständlich Duchy-Kekse verteilt und Duchy-Tee getrunken.

Spaten beim Ritz

Erst als ich mich mit anderen darüber unterhielt, merkte ich, dass mein enormer Verbrauch an Gartengeräten weder allein an mir und meiner Handhabung noch an unserem Boden lag, sondern an der Qualität der Geräte selbst. Ob Spaten, Gabel, Schaufel oder Gartenkelle, sie alle zeigten nach kurzer Zeit Verschleißerscheinungen. Zugegeben, nicht jedes Werkzeug war von bester Qualität, einiges wurde in der Eile schnell vom Baumarkt gekauft, aber dass ein Stiel während der Arbeit bricht oder die Metallteile sich wie bei Uri Geller biegen, dürfte normalerweise nicht vorkommen. Wie jeder Handwerker sein erprobtes Werkzeug hat, haben auch Gärtner vertraute Gartengeräte, manche sind über Jahrzehnte im Einsatz, werden sorgfältig gepflegt und dann, wenn man Glück hat, an die nächste Generation übertragen. Solche Erbstücke sind eindeutig besser in der Qualität und halten länger als die gewöhnliche Baumarktqualität. Etwas, was ich inzwischen aus eigener Erfahrung zu schätzen weiß, denn der Spaten meines Schwiegervaters und die Axt meines Großvaters sind heute noch genauso gut wie damals. Sie sind nicht nur dauerhafter, sondern sie sind auch bequemer zu handhaben und die Metallteile scheinen härter und scharfkantiger zu sein.

Gesucht von Sammlern wegen ihres antiquarischen Werts und der Patina, enden viele alte Gartengeräte als Wandschmuck, als pure Dekoration, um die gewünschte ländliche Stimmung zu erreichen. Aber statt in der Eingangshalle kunstvoll ausgestellt, gehören sie ordentlich aufgereiht in den Gartenschuppen.

Wirft man einen Blick in den »Potting Shed«, den Gartenschuppen eines typischen englischen Gartens, ist es erstaunlich, wie viel Altes dort beherbergt ist, vom Spaten über die Heckenschere bis hin zum Taschenmesser und alten Dosen. Solche Fundgruben werden aber umsichtig verwaltet und selten zu Lebzeiten des Gärtners aufgelöst. Man mag vielleicht die Lieblingsnichte sein, aber das bedeutet noch lange nicht, dass das eine oder andere Gerät vorzeitig überreicht wird. Was macht der Neuanfänger, der nicht auf eine gärtnerische Vergangenheit zurückgreifen kann? Wo findet man das geeigneteste Werkzeug? Im Bau- oder Gartencenter, im Eisenwarenhandel, über das Internet oder sogar auf dem Flohmarkt? Und was braucht man als Grundausstattung für die Gartenarbeit? Braucht man wirklich alle Gegenstände, die angeboten werden, oder sind sie nur Lockvögel, um dem Neuling das Geld aus der Tasche zu ziehen? Schließlich hat sich bei der Gartenarbeit nicht so viel geändert, dass Bewährtes nicht mehr aktuell ist und neue Designs unbedingt gefragt sind. Für mich, und ich habe minimalistische Tendenzen, wenn es sich um Werkzeug handelt, komme ich mit einem Spaten, einem Rechen, Heckenschere, Gartenschere und einer Gartenkelle zusammen mit einer Schubkarre, Gießkanne und Holzbrettern aus. Ich meinte immer, ein Spaten ist doch nur ein Spaten, obwohl ich mich von der Ausbildung ganz vage an eine unendliche Zahl an Spaten mit kurzen, langen, breiten, schmalen Metallflächen für alles, vom Umgraben bis zur Dränage, erinnern kann. Da diese Erinnerung mit Nässe, Kälte, unendlich vielem Matsch und einer eintönigen Lehre verbunden ist, habe ich es eindeutig als »werde ich nie im Leben brauchen« abgelegt. Jetzt weiß ich es besser, halte das Gerätekaufen nicht mehr für etwas Nebensächliches und werde nie mehr über das Gerede von »richtigen« Gärtnern und ihren Gartengeräten lästern. Man muss nur wissen, um was es geht.

Die Einladung zur Pressekonferenz der neuen Duchy*-Gartengeräte kam wie gerufen. Zum einen hatte ich schon wieder eine Gartenkelle verbogen und zum anderen war ich neugierig, was aus dem Haus von Prinz Charles jetzt kam. Die Duchy-Original-Kekse waren gut, ebenso die Konfitüre, aber wieso der Sprung zu den Gartengeräten? Dass die Präsentation im Hotel Ritz in London mit anschließendem »Duchy Afternoon Tea« stattfinden sollte, weckte mein Interesse noch mehr. Gartengeräte und das Ritz, eine ungewöhnliche Partnerschaft, das Bodenständige und das Edle; ob man auch Klaviermusik zur Teatime spielen wird? Während es draußen ein typischer grauer Londoner Februarnachmittag war, fühlte man den Frühling im Ritz. Der Saal, in dem Tee eingenommen wurde, schien vom Licht durchflutet zu sein, alles war in hellen Farben gehalten, die weißen Tischdecken, das schimmernde Silberservice, und als Höhepunkt krönten Wälder von weißen Orchideen in riesigen Gefäßen die Nebentische. Selbstverständlich spielte ein Pianist im Hintergrund. Dezent platzierte Schilder zeigten den Weg zur Präsentation. Erst aber an den Teatime-Gästen vorbei, die schmalen Treppen hinab

---
* www.duchyoriginals.com

zur Garderobe, die wie in allen großen Londoner Luxushotels einen Besuch wert ist. Eine Welt aus Marmor und Holztäfelung, wo Papierhandtücher verbannt und die Merkzettel der Putzkolonnen überflüssig sind. Hier glänzt und duftet es nach Sauberkeit und Geld. Die Mäntel abgelegt, Frisur geprüft – solche Hotels haben diese Wirkung auf alle, auch auf die Herren – ging es in den Marie-Antoinette-Salon. Dem Namen entsprechend, war alles ganz im Stil von Ludwig XV. gehalten, mit Spiegeln, eingelassen in verzierten goldenen Rahmen an allen Wänden, außer der Fensterfront, sattroten Vorhängen und einem Wald von Kronleuchtern.

Was allerdings das perfekte Bild des Spiegelsaals störte, war der Teppich, der schnell von Schuhen und Gestalten bedeckt war. An zwei Seiten des Raums lehnten die Gartengeräte: Spaten und Rechen, Gabeln und Heckenscheren in allen Größen. Gefüllt mit Mitgliedern der Gartenpresse – die Herren hatten zwar die Jacke- und Schlipsverordnung befolgt und die Damen sich Ritz-entsprechend gekleidet – hatte das Ganze etwas Anarchistisches an sich. Vielleicht lag es einfach an der Überzahl von Tweedjacken und Kordhosen. Als die Präsentation anfing und ein alter Spaten hoch über den Köpfen der Anwesenden gezeigt wurde, schlichen sich Bilder der Französischen Revolution unwillkürlich in meinen Kopf. Der Raum, die Menschen, die Verbindung mit dem Prinzen und die strammstehenden Gartengeräte, wie Gewehre im Schrank, bekamen ihre eigene Bedeutung. Zu viel Fantasie kann eine Last sein.

Zum Glück drangen Begrüßungssätze durch, und meine Aufmerksamkeit war wieder zurück, denn der Grund, warum sich die Duchy Originals mit Gartengeräten beschäftigten, wurde erläutert. Sie hatten aus ihrer eigenen Erfahrung mit Gärten, vor allem Highgrove, selbst gemerkt, dass die Suche nach qualitätvollen Gartengeräten schwierig war. Es gab einfach wenig auf dem Markt, was der jahrelang erprobten Tradition von Gartengeräten folgte. Hier war eine Chance, vier Dinge, die Prinz Charles am Herzen lagen, zu kombinieren: Garten, Nachhaltigkeit, Handwerk und das Schätzen von Tradition. Ziel war, die Verbindung zwischen dem Gerät, dem Garten, dem Land und der Machart wiederherzustellen. Lange bevor andere sich über die Umwelt geäußert haben, hat sich Prinz Charles dafür eingesetzt, und zwar nicht nur theoretisch, sondern auch in der Praxis. Zuerst als Spinner deklariert, wird er inzwischen als zukunftsdenkender Wegweiser geschätzt. Seine Ländereien werden nach den Prinzipien der Nachhaltigkeit bewirtschaftet, vor allem, wie Grant Richards, sein Hauptförster und der Erste der drei Referenten erklärte, im Forstbetrieb, wo ein Teil des 1700 Hektar großen Walds als Laubwald gepflanzt und wo das traditionelle Abholzen praktiziert wird. Hier wurde auch an die Verwertung der Hölzer gedacht, wie beispielsweise der Esche, deren Holz früher für die Griffe von Handgeräten verwendet wurde. Also hatte man das Holz, eine Komponente der Geräte. Da die Mengen vorläufig beschränkt sind, reicht das Duchy-of-Cornwall-Holz nur für die Herstellung von Griffen der kleinen Geräte aus. Die langen Stiele der Spaten, Gabeln zum Graben und Rechen wurden aus kanadischer Esche, ebenfalls aus nachhaltigen Wäldern, gefertigt.

Als Nächster kam Andrew Caldwell an die Reihe. Seit 1770 ist seine Firma in Familienbesitz, inzwischen in siebter Generation. Er ist einer der führenden Hersteller von Stahlgeräten für die Landwirtschaft, für die Konstruktion und den Garten.

Stockton Bridge Forge bei Manchester stellte die Spaten und Schaufeln für den Bau des Bridgewater Canals und Manchester Ship Canals im späten 18. Jahrhundert her. Einer der wenigen mittelständischen Betriebe, die noch in England handwerklich tätig sind, sind die Caldwells, bekannt für ihre hochwertigen Produkte, die sich eindeutig von der üblichen Massenware absetzen. Unter Verwendung des besten Sheffield-Stahls, der gegossen, geformt und anschließend auf Hochglanz poliert wird, sind die Metallteile hart, exakt und dauerhaft. Hat man das Holz und den Stahl, braucht man nur noch den entsprechenden Entwurf, und den hat der Head Gardener von Highgrove, David Howard, gefunden. Er hatte nicht nur alte Geräte, sondern auch Zeichnungen von 1880, der Blüte des Viktorianischen Zeitalters. Jetzt wurde die Bedeutung der alten Spaten klar.

Balance, Gewicht und Handhabung sind die maßgebenden Faktoren bei Gartengeräten. Das verstanden die Viktorianer, aber wir haben es offensichtlich vergessen, daher der enorme Verschleiß an Gartengeräten. Manche der neuen Handgeräte halten einfach nicht lang, sind unbequem zu handhaben und verursachen dadurch Blasen. Nicken und Zustimmung im Auditorium – ich war nicht allein mit meiner Gartengeräte-Problematik. Bei den langstieligen Geräten führt es oft zu Kreuzschmerzen, da die Proportionen einfach nicht stimmten. Im 19. Jahrhundert war man der Ansicht, Gartengeräte sollten für immer halten und bei ständigem Gebrauch »schärfer« werden. Manche tun es nach wie vor, und in Highgrove kommen diese »Oldtimer« zum Einsatz. Damals wurde für jede Tätigkeit ein anderes, spezifisches Gerät verwendet, vom Umgraben bis zum Grabenbauen oder Leitungenverlegen. Hätte ich nur beim Studium aufgepasst, würde ich jetzt viel besser mitreden können. Wir wurden eingeladen, seinen alten Spaten in die Hand zu nehmen, zu testen, wie er sich anfühlt, aber bitte nicht in den Boden stecken (leises Lachen) und bitte wieder abgeben. Jeder tat es und war erstaunt über die Leichtigkeit im Vergleich zu den Neuentwicklungen, die schwer und unausgeglichen in der Hand lagen. Nun kamen die ausgestellten Geräte an die Reihe. Kleine Gruppen formierten sich, einige bekannten sich als »Alte-Spaten«-Gärtner, durchsuchten Flohmärkte und würden nie etwas anderes verwenden. Andere waren überrascht über die Anzahl und Variation von Schneidegeräten, von der Heckenschere bis zur »Topiary«-Schere, eine für den übergeordneten geraden Schnitt, die andere für den feinen Formschnitt in Kanten und Rundungen. Ich hatte endlich eine Gartenkelle, speziell zum Umpflanzen gedacht, die sich gut und bequem anfühlte, bei der das Metall stabil und fest ist.

Die Duchy-Gartengeräte sind eine Fortsetzung einer Tradition, gutes Werkzeug für gute Arbeit oder auch Gebrauchsantiquitäten der Zukunft zu fertigen. Der wahre Test liegt aber im Gebrauch. Vom Rechen bis zu Gabel und Spaten waren alle wirklich gut in der Handhabung, sie lagen richtig in der Hand, waren gut im Griff und über die Qualität der Metallteile gab es keine Zweifel. Hier im Ritz kam der heimliche Gartenfreak in vielen von uns zutage – wer hätte gedacht, dass Gartengeräte so etwas auslösen können?

Beinahe wären wir vom Afternoon Tea abgelenkt worden. Kleine Häppchen wurden auf einem Tablett gereicht, verschiedene Mini-Sandwiches mit Gurken, Lachs, Schinken, bis aufs Brot alles Duchy-Produkte, gefolgt von mundgerecht geschnittenen Kuchen und Nachspeisen in kleinen runden Schalen, herumgereicht mit kleinen Löffeln: Lemon Tart, die englische Version von *tarte au citron*, gefüllt mit Duchy Lemon Curd, dukatengroßem Heidelbeer-Käsekuchen, Crème Caramel, kleinste Portionen Erdbeeren mit Sahne. Was sollte man nehmen? Zuerst haben wir, ich hatte eine befreundete Gartenfotografin getroffen, einige Leckerbissen geteilt, so ganz unverschämt wollten wir einfach nicht sein, bis ein Ober unsere Spielchen bemerkte und einfach mehr brachte. Mit einer erfrischenden Tasse Tee dazu war es perfekt. Nach dem Verzehr von so vielen Duchy-Produkten und umgeben von dem neuesten Mitglied der Produkt-Familie darf man nicht vergessen, dass der Gewinn direkt in die Kasse der Wohltätigkeitsstiftung, der Prince's Charities fließt und sämtliche Projekte finanziert. Die Gartengeräte sind nicht billig, sind fast ein Gartenluxusgegenstand, aber welchen Preis ist man bereit zu zahlen für dauerhafte Qualität? Erst beim Nachhausegehen bekamen wir unsere Pressedokumentation im Stoffbeutel samt Gartenkelle als Andenken. Wenigstens bei mir ist das Problem der Gartenkelle gelöst. Nach inzwischen über drei Jahren intensivem Gebrauch ist sie noch intakt und meine Hände sind dank des geformten und gewachsten Stiels blasenfrei.

Garten-Safaris – die neue Sonntagsbeschäftigung

Garten-Safaris und Tage der offenen Gartenpforte sind beliebte Highlights des englischen Sommers. Sie verkörpern die ideale Vorstellung von England als dem Land der Gärtner und des Grünen. Aber was bewegt sonst öffentlichkeitsscheue Personen, ihren Garten dem Publikum zu öffnen und den enormen Arbeitsaufwand auf sich zu nehmen? Suchen sie Ruhm, Lob, Kritik oder ist es eine undefinierbare Verpflichtung der Gesellschaft gegenüber? Die Antwort liegt in der Erziehung. Bereits in der 1. Klasse werden die Schulkinder sanft über den Wert von wohltätiger Arbeit belehrt, über Teamarbeit und vom Leben anderer. Für eine Spende von 1 Pfund darf man sogar an »Mufti-Tagen« die Schuluniform gegen normale Kleider tauschen. Das gesammelte Geld fließt zugunsten einer Partnerschule in Afrika, Indien oder sonst wo in der Dritten Welt. So beginnt eine lebenslange Verbindung mit guten Werken.

Wer kein Geld spenden kann, schenkt Zeit, stellt sich hinter die Theke und serviert Tee, arbeitet stundenweise in einem der vielen Wohltätigkeitsläden oder öffnet den Garten für Besucher einmal im Jahr.

In England sind »Garden Open Days« der NGS (National

Gardens Scheme*) weder ein Werbemittel für Gartendesigner noch eine Bestätigung ihres Könnens und auch nicht eine Aktion für die Gartenbesitzer, ihre investierten Gelder zurückzugewinnen. Sie sind eine Zelebration gärtnerischer Leistung und ein wichtiges Mittel, Gelder für karitative Zwecke zu sammeln. In dieser genialen Kombination von Gartenliebe, Neugier und Unterstützung von »guten Werken« liegt das Geheimnis des lang anhaltenden Erfolgs. Auch wenn der Garten nicht so besonders ist, der Tag verregnet ist und die Rosen am Verblühen sind, ist man bereit, das Eintrittsgeld zu zahlen. Dies ist auch die Erklärung, warum so viele sonst öffentlichskeitsscheue Leute bereit sind, das allgemeine Volk hereinzulassen, und mit Wohlwollen zuschauen, wie die Besucher über den preisgekrönten Rasen trampeln, sich auf den Sitzbänken niederlassen und vielleicht davon träumen, wie es wäre, Hausherr zu sein.

Wie kam es aber, dass der Garten ein Zugpferd für die Wohltätigkeitsvereine wurde? Für Engländer gehört das Spenden und Sammeln eben zum guten Ton. The National Gardens Scheme wurde aus dieser Tradition geboren, aus dem Wunsch, anderen zu helfen, in diesem Fall den Krankenpflegern und Krankenschwestern, die sich selber in schwierigen Zeiten befinden. Bereits 1927, im ersten Jahr des Entstehens, nahmen 609 Gärten an der Aktion teil. 75 Jahre später sind es über 3500, und die Anzahl der Wohltätigkeitsvereine, die davon profitieren, hat sich noch erhöht. Neben den Vereinen für Krankenschwestern und Pfleger sind Krebshilfeorganisationen wie Macmillan Cancer Relief und Marie Curie Cancer Care dazugekommen. Die

---
* The National Gardens Scheme, England, www.ngs.org.uk

Gärtner und ihre Nachkommen werden auch nicht vergessen, NGS unterstützt National Trust mit Stipendien für Gärtner und leitet Gelder an Perennial Gardeners' Royal Benevolent Society und The Royal Gardeners' Orphan Fund weiter. 2005 wurde der stolze Betrag von 1,8 Millionen Pfund gespendet. Bei einem Durchschnittseintrittsgeld von 3 Pfund pro Garten kann man leicht ausrechnen, wie hoch die Zahl der Interessenten ist.

Was kann der Besucher von den Gärten erwarten? Bei dieser Menge ist die ganze Bandbreite von Gärten vertreten, von Handtuchgröße bis zu Wald- und Wiesengärten von mehreren Hektar. Die mittelgroßen Gärten von begeisterten Gärtnern bilden aber die Mehrzahl. Sie, wie alle andern, werden nur über die Empfehlung der regionalen Organisation im »Yellow Book« der NGS aufgenommen. Auch einige bekannte Namen verbergen sich in den Listen, auch sie wollen Teil des Bündnisses sein und spenden ihre Einnahmen an bestimmten angekündigten Tagen. Wünsche, die Gärten nach einem Bewertungssystem zu gliedern, werden genauso abgelehnt, wie alle Texte nach einer Formel »kritisch« zu beschreiben. Was zählt, ist die Vielfalt. Die Beschreibung der Gärten und die Tage, an denen sie geöffnet sind, wird den Eigentümern überlassen und gehört zur Lebendigkeit des Vorhabens. Manche öffnen ihre Gärten nach Voranmeldung außerhalb der Zeiten für Gruppen, aber für den einzelreisenden Gartenbesucher ist es ein logistischer Albtraum, die Runde der vorgemerkten Gärten zu drehen. Nach einer kilometerlangen Anfahrt ist es oft ein Lotteriespiel, ob der Garten oder lediglich der angebotene Tee und Kuchen wirklich gut ist. Über die Jahre habe ich festgestellt, je sachlicher und präziser der Eintrag, desto besser sind die Chancen, dass der Garten gut ist. Vor neu geschaffenen Gartenräumen, einem Überangebot an Wasser, Farbe und Pflanzensammlungen, die außerhalb der Hauptblütezeit zu sehen sind, ist zu warnen.

Die kleinen Schwestern der NGS-Gärten, und manchmal als Vorstufe angesehen, sind die »Garten-Safaris« und »Gardens Open« der Dörfer und Stadtteile von London, wo zwischen drei bis zwölf Gärten an einem Samstag- oder Sonntagnachmittag, meistens im Juni, Juli oder August geöffnet sind. Oft nur mittels Plakaten am Dorfeingang, manchmal in der Lokalpresse oder seit Neuestem auch auf den Websites angekündigt, sind diese jährlichen Gartenextravaganzen ein Einblick in die Gartenwelt des normalen Bürgers. Wiederum gibt eine Spendenaktion für die Kirche oder Gemeindehalle den Antrieb. Diese Gärten pendeln zwischen den exzeptionellen bis zu den gewöhnlichen, von den geschmackvollen zu den kitschigen, von dem »Ich könnte Stunden bleiben« bis zum »Zehn Minuten reichen«. Manchmal wissen die Dorfbewohner selbst nicht, was hinter der Hecke oder Mauer zu erwarten ist, und angefeuert von nachbarlicher Neugier nehmen sie die Chance wahr, hinter die Kulissen zu schauen. Bei solchen Aktionen ist scheinbar das ganze Dorf beteiligt, entweder als Besucher oder als Helfer. Der größte, sonnigste und zentralst gelegene Garten wird für den Nachmittagstee beansprucht. Gartenmobiliar wird geborgt, die Küche von den Frauenvereinen in Beschlag genommen und ein endloser Fluss von Tee (Orangenwasser für die Kinder) fließt. Mit fast militärischer Präzision wechselt man sich ab, besucht die anderen Gärten und derweil steht der Gartenbesitzer geduldig im Garten und beantwortet alle möglichen Fragen zu Schädlingen und Sorten.

Was der Besucher nicht ahnen kann, sind die stunden- und

tagelangen Vorbereitungen, die notwendig sind, um den Garten vorzeigewürdig zu machen. In Kenntnis der kritischen Blicke wird alles in Tipptopp-Zustand gebracht, der kurzgeschorene Rasen ebenso wie die Staudenbeete. Diese Gärten sind der Inbegriff der englischen Gartenkultur: Gärten wie The Red House in North Cadbury von Daphne Davie, einer kultivierten englischen Dame, die auch im Gärtnergewand adrett und elegant ausschaut. Sie kennt ihre Pflanzen, ist immer auf der Suche nach Besonderheiten und hat nach langjähriger Beschäftigung einen ganz individuellen Gartenstil entwickelt. Stauden, Gehölze und Blumenzwiebeln werden meisterhaft kombiniert. Was besticht, sind nicht nur die Details, wie eine Pflanze zu einer anderen passt, sondern das räumliche Gefüge. In dem milden Klima Somersets und auf den guten Böden gedeihen viele Pflanzen, von denen man in manchen Gegenden Deutschlands nur träumen kann. Aber die Pflanzen werden nicht um jeden Preis in den Garten gestellt, es wird so wenig wie möglich gegossen, die pflegeintensiven Staudenbeete werden zunehmend reduziert und der Umgang mit Bodenverbesserungsmitteln ist bedacht. Man denkt an die Zukunft. Nach Daphnes Vorstellungen sollte der Garten das ganze Jahr etwas anbieten, aber nicht in ständige Arbeit ausarten. Für die Pflege des 1500 Quadratmeter großen Gartens hat sie Hilfskräfte: Der Rasen und die Hecken werden vom Gärtner regelmäßig geschnitten, eine Gärtnerin kommt wöchentlich für das Jäten, aber die Feinarbeit und das Restliche wird von der Eigentümerin selber erledigt.

Daphne Davies große Liebe gilt den Rosen und panaschierten immergrünen Gräsern, Stauden und Sträuchern. Unter dem Motto »Lass kein Stück Erde frei« wird der Garten jahreszeitengerecht »möbliert«, im Winter und im Frühling mit Stiefmütterchen und Blumenzwiebeln und im Sommer mit Sommerflor wie Fleißiges Lieschen oder anderem, was eben gefällt. Diese austauschbaren Bodendecker geben dem Garten das gewisse Etwas.

Durch einen hervorragenden Umgang mit Form, Farbe und Dekoration wirkt der Garten wirklich zu allen Jahreszeiten. Vieles ist auch dem Zuschnitt des Gartens zu verdanken, der sich in zwei gleichrangige, aber nicht gleichgroße Bereiche teilt: ein sonniger, ummauerter, nach Süden ausgerichteter Vorgarten und der größere rückliegende, ebenso mit Natursteinmauern eingefriedete Hausgarten. Dazwischen als Bindeglied liegen der Wintergarten und der schmale, aber durchdachte »Schattenweg«. Lage und Sonneneinstrahlung werden voll ausgenutzt, dabei wird manche Konvention gebrochen. Der Vorgarten wird voll als Gartenraum benutzt. Hier ist die große Terrasse mit Rücken zur Hauswand und Blick auf die lange schmale Rabatte durch »Buchenpfeiler« entlang der mannshohen Natursteinmauer unterbrochen. Architektonische Elemente sind sparsam eingesetzt, wie etwa die klassischen Buchsbaumhecken beidseits des Wegs, der auf die Haustür führt, verstärkt durch die wuchtigen *Pittosporum tenufolium* 'Irene Paterson'- und die goldgefleckten *Euonynus fortunei* 'Emerald-'n'-Gold'-Kugeln. Sie stehen im Kontrast zu den lockeren Formen, dem glänzenden immergrünen Laub von *Magnolia grandiflora* und Kameliensträuchern sowie dem fontänenartigen Neuseelandflachs *(Phormium).*

Während einen Duft und Wärme im Wintergarten erwarten, ist der Schattenweg kühl, feucht und dunkel mit erlesenen Schattenpflanzen, eine Gegenüberstellung, die sich auch in anderen Gartenteilen wiederfindet: Laubschmuckpflanzen im

Schatten, an der Nord- und Ostwand des Hauses, und farbenfrohe Pflanzung in den offenen sonnigen Beeten, alles gruppiert um eine mittige neutrale Rasenfläche, die alles zusammenbindet. Was besticht, ist die Pflanzenpalette und Vielfalt, umfangreich, jedoch harmonisch, Kombinationen, die nur durch Erfahrung entstehen. Wie in so vielen englischen Gärten liegen die Wege nur in den Randbereichen zwischen den länglichen Strauchrosenbeeten, wo alte Bekannte sich neben neue Lieblinge gesellen, und in dem gegenüberliegenden kleinen Blumengarten, im Sommer voll mit heißen Farben – Orange, Pink und Rot –, alle mit fast indischer Intensität.

Gärten wie The Red House sind ein Erlebnis, sie gehören nicht zu den hohen Gartenkunstwerken, aber sind Zeugnisse des Verständnisses und der Liebe für Gärten, die zurück zu den Wurzeln des Gärtnerns und der Freude im Umgang mit Pflanzen führen. Wie in vielen Dörfern umfasst North Cadburys Garten-Safari mehr Gärten, als der normale Mensch in vier Stunden besichtigen kann. So muss der Besucher unter den neun Gärten Prioritäten setzen, logistisch prüfen, welche Kombinationen am besten zu Fuß, mit dem Rad oder dem Auto zu erreichen sind, die Teepause in Daphnes Garten mit einplanen und neben den 3 Pfund Eintritt auch Kleingeld für das Los dabei haben.

Was zieht ein(e) Gärtner(in) an? – die Frage der Bekleidung

P. G. Wodehouse hat es genau getroffen. In seinem Buch *A Damsel in Distress** beschrieb er mit trockenem Humor die Verwirrung um die Identität des Gärtners beziehungsweise des Lords. Bekleidet mit einem hochgekrempelten Hemd und alten Kordhosen, die bessere Zeiten erlebt haben, wird Lord Marshmoreton, der gebückt gerade seine Rosen aus der Nähe begutachtete, von einem Besucher für den Gärtner gehalten. Kleiderordnung ist etwas Feines, und in jedem Land, bei jeder Tätigkeit, außer in den Gärten von England, wäre es möglich, den Status und Dienstgrad an der Kleidung abzulesen. Während ein angestellter, ordentlich geschulter Gärtner von Kopf bis Fuß in Olivgrün gekleidet und sofort erkennbar ist, zieht der Hobbygärtner, je höher im sozialen Rang, desto extremere Kleidung vor. Warm soll sie sein, Bewegungsfreiheit geben, schnell überzuwerfen sein und nach Möglichkeit aus mehreren Schichten bestehen, aber sie muss vor allem eingelebt beziehungsweise abgetragen sein. Da die Figur der Gärtner sich scheinbar nie ändert, kommen Generationen von Kleidungsstücken zusammen,

---
* P. G. Wodehouse, *A Damsel in Distress*, London, 1919

die alle irgendwo auf den Dachböden, schichtenweise aufgetürmt an Kleiderhaken im »Boot Room« – so heißt in besseren Häusern die Rumpelkammer für Stiefel und dergleichen – oder einfach in der Kammer unter der Treppe aufbewahrt werden. Nichts wird weggeworfen oder weitergegeben. So ist ein reicher Vorrat an Gartenklamotten vorhanden, mit denen man, wie bei dem fiktiven Lord Marshmoreton, nichts ahnende Besucher verwirren kann.

Neulich bei einem Gartenbesuch in Surrey wurden wir, nachdem der Fahrer und ich verzweifelt das Anwesen suchten und unserer geduldigen Gruppe mehrmals die Schönheit der englischen Landschaft vorgeführt haben, indem wir die gleiche Landstraße auf und ab gefahren sind, von der Hausherrin des 14 Schlafzimmer großen Cottages begrüßt. Was allen im ersten Moment auffiel, war weder die Größenordnung des Gartens noch die zauberhafte Architektur des Hauses, sondern die Tatsache, dass unsere Gastgeberin, die Gartenschere in der Hand, gartenmäßig in Hose und Hemd gekleidet war. Diese lockere, selbstverständliche »Ich bin zwar bei der Arbeit, aber Sie sind herzlich eingeladen, den Garten zu besichtigen«-Art ohne jegliche Allüren, liegt im Herzen des Gärtners in England. Der Garten von Vann war übrings superb, eine wahre Überraschung, mit allen Komponenten, die man sich in einem englischen Garten erwünscht: cottagemäßig, aber mit Struktur, sanften Blicken in die Landschaft und einem Wasser- und Sumpfgarten, angelegt von der wohl berühmtesten englischen Gärtnerin überhaupt, Gertrude Jekyll. Alles mit Feingefühl von Mrs. Caroe gepflegt.

Mrs. Elizabeth Bullivant, die Hausherrin von Stourton Gardens, gleich neben dem viel berühmteren Stourhead Gardens in

Wiltshire, ist eine hervorragende Gärtnerin, eine Expertin in Sachen Hortensien und Trockenblumen. Ihr Garten ist die reinste Blumenextravaganz, wo es neben den Hortensien einen Schnittgarten voll mit Rosen, unter anderem der Sorte 'Faust', und Rittersporn gibt. Zum richtigen Zeitpunkt gepflückt, getrocknet und zu Blumensträußen gebündelt, setzt Mrs. Bullivant eine alte Tradition fort. Winters wie sommers trägt Mrs. Bullivant Tweed und Wolle, einen Tweedrock, dauerhaft, dick genug, um den Dornen standzuhalten und von so erdigen Farben, dass Flecken nie auffallen. Als Schuhwerk dienen Sandaletten. Ihr Aussehen ist ihr egal, zweckmäßig soll es sein, etwas, mit dem man keine wertvolle Zeit vergeudet, denn was zählt, ist der Garten.

Am anderen Ende des Spektrums sind Barbara und Ian Pollard von Abbey House Gardens bei Malmesbury in Wiltshire. Ihr Garten ist der reinste englische Blumengarten, zur Rosenblüte exzeptionell und eine Reise dorthin wert. Sie haben keine Probleme mit der Bekleidung, sie legen sie einfach ab. Wie es mit den Rosendornen beim Abschneiden der Blüten zu ertragen ist, interessiert die älteren weiblichen Besucher brennend. Knackig braungebrannt, schlank und jung aussehend, haben die beiden vielleicht das Geheimnis der ewigen Jugend entdeckt – nackt zu gärtnern. Sicherlich nicht jedermanns Sache, aber warum nicht? Kommen die Besucher, legen sie etwas Kleines an. Ansonsten ist es wie bei Adam und Eva. Genauso wie bei Mrs. Bullivant führt es zu Verwirrung, wenn man sie bei Anlässen wie dem Pressetag der Chelsea Flower Show trifft. Man erkennt sie nicht, obwohl einem das Gesicht bekannt vorkommt, und muss zweimal hinschauen. Mrs. Bullivant in ihrer Stadtgarderobe ist der Inbegriff einer feinen Dame, was sie auch ist. Die Pollards dagegen kommen einem vor wie Rockstars der Schwabinger Szene der 70er Jahre, er mit hellem Hemd bis zum Bauchnabel offen, oft mit Shorts kombiniert, sie mit gehäkeltem Oberteil und etwas Kurzem, die Farben, abgestimmt auf ihre Haarfarbe, dunkel mit einem Schuss Fuchsien.

Schaut man die berühmten Gärtner an, ist die Art sich zu kleiden genauso individuell wie ihre Gärten. Christopher Lloyd, bekannt für gewagte Farbkombinationen in seinen Blumenbeeten, Orange neben Pink, feuriges Rot und sattes Purpur, war weder schüchtern noch zurückhaltend, was den Umgang mit Farben betraf. Seine vielfarbigen gestreiften Pullover und Pullunder mit feinen waagrechten Bändern von Grün, Rot, Braun, Lila und noch mehr, wurden ebenso zu seinem Markenzeichen wie sein Garten selbst. Seinen eigenen Weg einzuschlagen lag aber eindeutig in der Familie. Seine Mutter Daisy entdeckte Dirndl und zog sie stets bis ins hohe Alter zum Gärtnern an. Man bedenke, dies war Ende der 30er Jahre, wo das »Germanische« nicht gerade hohes Ansehen hatte – so viel Selbstbewusstsein muss man haben.

Für die gewöhnlichen Gärtner gibt es heute inzwischen ein vielseitiges Angebot von praktischen, aber langweiligen bis hin zu den »Haute Couture«-Gewändern von Prince Jardinier®*. Farblich abgestimmt bis hin zu den Gartenhandschuhen von einer beinah unverwüstlichen Qualität reicht das Angebot vom Hut über Handschuhe bis zu kompletten Outfits. Gartenbekleidung ist eine neue Marktlücke. Die brisanteste Frage gilt jedoch dem Schuhwerk, von dem Schlüpfe-ich-schnell-in-Latschen

---

* www.princejardinier.com

oder Ziehe-ich-doch-die-Dubarrys*-an? Hier scheiden sich die Geister zwischen festem Schuhwerk, Bergstiefeln oder Arbeiterschuhen, Gummistiefeln von Markenqualität wie Hunters und Barbour oder namenlosen, zweckmäßigen Varianten oder Halbschuhen und Plastiküberschuhen. Ganz an der Spitze stehen die Könige der Landstiefel, bei Reitern und Jägern ebenso beliebt, nämlich die Dubarrys aus Irland oder Aigles aus Frankreich. Für mich entscheidet immer die Tätigkeit, die Witterung, nass oder trocken, und das Gelände, flach oder steil, gepflegt oder verwildert. Hinter der Küchentür, meistens ordentlich aufgereiht, steht mein alltägliches Schuhwerk, alte schwarze Tod's, die bessere Tage gesehen haben, aber perfekt für den Ich-muss-schnell-Petersilie-holen-Gang sind, Hunters für die nassen Tage und leichte Meindl-Bergschuhe für alles andere. Meine heißgeliebten und absolut wasserdichten, Goretex-beschichteten Dubarrys sind den Gartenbesuchen, vor allem in feuchten Gegenden wie Irland und Schottland, vorbehalten.

Wenn ich bei der Gartenarbeit bin, hoffe ich, dass niemand unangemeldet vorbeikommt. Meine Nachbarn kennen ihn schon, mein Ich-bin-eine-Vogelscheuche-in-hellgrünen-Latzhosen-Look wird nie auf dem Laufsteg in Paris oder auf den Seiten einer Frauenzeitschrift zu finden sein. Die einzelnen Komponenten sind durchaus ansehnlich. Die besagten hellgrünen Leinenlatzhosen stammen vom Prince Jardinier®, erworben vor Jahren auf der Chelsea Flower Show, sahen sie, vorgeführt von der feurigen, Frida Kahlo ähnelnden Ehefrau des »Prinzen«, Louise Albert de Broglie, schick, wenn nicht leicht verwegen aus. Sie

---

* www.dubarryboots.com

sind praktisch, so dick, dass nichts durchpiekst, mit ausreichend sinnvoll verteilten Taschen für Gartenschere, Schnüre, Saattüten und dergleichen. Im Sommer wird ein blau-weißgestreiftes T-Shirt darunter getragen, ganz selten, so warm ist es ja nie, etwas schwarzes Ärmelloses. Im Frühling, Sommer und Herbst ein Finkenwerder, ein Geschenk aus meiner Münchener Messezeit, und als krönender Abschluss ein grüner Barbour-Hut. Die Steigerung ist ein Kopftuch, das immer beim Heckenschneiden als Extraschutz unter dem Hut getragen wird. Barbour-Wollhalbhandschuhe ergänzen das Outfit, schützen die Handflächen, aber lassen die Finger die Pflanzen und Erde spüren. Mit Shorts, die sonst in England bei den ersten wässrigen Sonnenstrahlen im Frühling fast wie automatisch rausgeholt und von englischen Postboten scheinbar ganzjährig getragen werden, kann ich nichts anfangen. Die Wärme fehlt, und wenn man Brombeeren und Strauchrosen oder gar Brennnesseln im Garten hat, sind sie ausgesprochen unpraktisch. Als Ergänzung zu meiner Gartengarderobe habe ich eine Gartenschürze, passend zur Latzhose, aber burgunderfarben mit tiefen, scheinbar bodenlosen Taschen, in denen oft die Saatpakete verschwinden.

Sandra Pope, ehemals vom Hadspen Garden unweit von Castle Cary in Süd-Somerset, bewies, dass es möglich ist, auch bei der Gartenarbeit gut auszusehen. Sie besitzt eine natürliche Schönheit, eine lässige zeitlose Eleganz, die vom Leben im Freien, zusammen mit nordamerikanischen Wurzeln, angeboren scheint. In beiger Hose und Hemd, die mehr Ähnlichkeit mit einer Tropenausrüstung hatten als mit einem typischen Gärtnergewand, sah sie fachmännisch und exotisch-schick zugleich aus. Was vielleicht nur beweist: Im Garten kann man alles tragen, es zählt nicht das, was man trägt, sondern wie man es trägt. Die Engländer haben einen Hang für exzentrische Personen – die Lady, die wie eine Vogelscheuche ausschaut und jedes Gespräch mit Pflanzennamen pfeffert, ist womöglich eine Expertin in ihrem Fach und hochangesehen in der Gartenwelt. Das Motto des Ganzen lautet: »Wer einen Garten besucht, sollte nie nach der Bekleidung urteilen, es könnte sich vielleicht um eine Lady oder einen Lord handeln.«

*Die jährliche Leistungsschau –
der Wettkampf um die größte Zwiebel*

Was ist wohl das wichtigste Ereignis im Gartenbaukalender eines englischen Dorfs? Nicht der Pflanzenmarkt, auch nicht der Tag der offenen Gartenpforte, sondern die jährliche Leistungsschau, veranstaltet vom Gartenverein, wo die Erzeugnisse und Pflanzen aus den Gärten prämiert werden. Mitten in den Sommerferien, mit Vorliebe während der ersten Augusthälfte, zieht sie erstaunliche Mengen Besucher aller Altersklassen an. Es ist auch eine von den wenigen Gelegenheiten, bei denen die Gemüsezüchter zum Zuge kommen und sogar einmal im Jahr im Rampenlicht stehen können. Alles kommt, egal wo man wohnt, ein überliefertes und erprobtes Ritual. In North Cadbury scheint alles in Stein geschrieben zu sein: Der Zeitpunkt, stets ein Samstag in der ersten Augusthälfte, der Ort, die Gemeindehalle, die Ausschreibung nach den Regeln der RHS, der Royal Horticultural Society, und schließlich die Verpflegung mit Tee und Keksen, manchmal auch Kuchen, gestellt von den weiblichen Mitgliedern der Horticultural Society. Bereits Wochen vorher werden die Ausschreibungsbroschüren, DIN-A5-Hefte, klein und beidseitig eng bedruckt, mit allen Klassen und Bestimmungen, im Gartenverein verteilt und beim »North Cadbury Stores« für 50 Pence, heute 1 Pfund, zum Kauf ausgelegt, das Ergebnis wochenlanger Arbeit und unzähliger Sondersitzungen des Unterausschusses.

Kommt der Tag, werden die Beiträge am Vormittag ab 8 Uhr, aber spätestens bis 10 Uhr, einige in sonderbarsten Verpackungen angeliefert, vorsichtig nach den Regeln aufgestellt, nochmals gemessen oder gar poliert. Präsentation und das Kleingeschriebene richtig zu lesen ist, wie man später erfahren wird, alles. Türen geschlossen, ist es Zeit für die Juroren, ihre Runde zu machen und alles in Ruhe zu begutachten. Extra geschult und geprüft in ihrem Spezialfach, sei es Gemüse, Obst, Blumen, hauswirtschaftliche Erzeugnisse oder Kunsthandwerk, nehmen die Damen und Herren der Jury ihre Rolle ernst. Verstöße gegen die Vorschriften, wie etwa zu kleiner oder zu großer Blütendurchmesser bei den Dahlien oder Rosen, werden anhand einer Schablone geprüft und vermerkt, und Punkte werden abgezogen. Wenn es fünf Schalotten heißt, werden auch nur fünf gewünscht, sind es mehr, auch wenn sie noch so schön sind, wird der Beitrag ausjuriert. Bei den hauswirtschaftlichen Erzeugnissen wird genau vorgeschrieben, welche Art von Marmelade, Kuchen – hierfür werden oft Rezepte verteilt – und Brot einzureichen sind, dabei zählt das Aussehen oft mehr als der Geschmack. Kuchen wie auch Brot werden halbiert und die Konsistenz wie Oberfläche und Form bewertet. Durchgekocht soll es sein, luftig und leicht, natürlich nicht verbrannt, und bei »fruit cake« das Trockenobst gleichmäßig verteilt. Ein Helfer dreht die Marmeladengläser auf, reicht einen Teelöffel, der Flüssigkeitsgrad wird geprüft, wie auch die Farbgebung und zum Schluss der Geschmack. Präsentation, ebenso wie korrekte Einlegemethode

– hierzu gehört: ein spezieller Marmeladenfilm als Abdeckung, saubere Deckel und Verschluss und passende Etikettierung – werden ebenso bewertet. Karostoffhäubchen nach Art von »Bonne Maman« und Etiketten, versehen mit Schönschrift wie anno dazumal, verleihen den passenden ländlichen Touch.

Für alles werden Punkte verteilt oder auch abgezogen, sie ergeben Preise in Form von bunten Zetteln, die eine erstaunliche Ähnlichkeit mit Monopoly-Spielscheinen haben. Rot für den ersten Preis, hellblau für den zweiten, grün für den dritten und schließlich weiß für den vierten Preis. Am peinlichsten sind die nicht bewerteten Beiträge, hier liegen handgeschriebene Anmerkungen über Verstöße oder einfach minderwertige Qualität und manchmal auch Tipps für künftige Darbietungen. Es sind die Zertifikate, die die Besucheraugen anziehen: »Wer hat gewonnen«, »War es wirklich so gut« und »Wenn ich nur teilgenommen hätte, hätte ich dann eine Chance gehabt«, war oft zu hören. Was mich aber immer erstaunt, ist die Anzahl von Silber, Pokalen, Rosenschalen, Wappen, die über die Jahre von begeisterten Mitgliedern gespendet werden. Aufgereiht auf der Bühne ist es eine Wucht. Solch ein Schatz ist eine Sache für sich und zum Glück hat die RHS für die jährliche Versicherung Sonderkonditionen für ihre Mitgliedclubs ausgehandelt.

Die Vergabe der Pokale erscheint willkürlich, es gibt hierfür keine logische Erklärung, da das imposanteste Stück Silber nicht in der wichtigsten Klasse verliehen wird. Am meisten begehrt ist nicht die schönste oder gar größte Trophäe; nein, das wohl Wichtigste ist: Wer die meisten Punkte hat, erhält den heißersehnten »Gordon-Attwell-Perpetual-Challenge«-Pokal. Vor einigen Jahren, als Penny, meine gute und leider inzwischen verstorbene Nachbarin, die nicht beneidenswerte Rolle der Leistungsschausekretärin des North-Cadbury-Gartenvereins übernahm, entschied unsere gemeinsame Freundin Jenny, sie tatkräftig zu unterstützen, um die Zahl der Beiträge zu erhöhen. Als Frau eines Army-Offiziers ging sie die Sache mit militärischem Eifer an. Sie raubte aus ihrem Garten alles Blühende, brachte verstaubte Vasen aus den hintersten Ecken ihres Cottages hervor, die sie alle auf Hochglanz polierte, hat bis in die Nacht gebacken, lieferte Marmelade und sogar Beiträge für die manchmal sonderbare Kunsthandwerkerklasse ab. Der Beifall war groß, als ihr Name aufgerufen wurde, denn allein durch die Menge der Beiträge und die Mischung von Preisklassen hat sie es geschafft, die meisten Punkte zu sammeln. Bei der Verleihung fragte man sich, wer am meisten überrascht sei, sie oder der langjährige Mitbewerber. Als ewiger Beweis ihrer Freundschaft wurde ihr Name auf dem Pokal eingraviert.

Nicht alle Jahre geht es so freundlich zu. Es ist schließlich eine Leistungsschau, und um nichts wird härter gekämpft als um die Auszeichnungen für die diversen Gemüseklassen. Hier scheiden sich auch die Geschlechter, denn Gemüseanbau war bislang immer Männersache. Die Faszination für die längste Bohne und Karotte, die schwerste und größte Zwiebel, fünf gleichmäßig große Erbsenschoten (bitte mit Inhalt) haben freudianische Untertöne, aber lassen mich kalt. Das Ausgestellte hat etwas von einem niederländischen Stillleben aus dem 17. Jahrhundert an sich, etwas zu Perfektes, zu Glänzendes, sogar Unnatürliches –Welten weg vom Verzehr. Trotzdem fällt es schwer, die Genauigkeit, mit der das Zwiebelkraut oben abgeschnitten und mit Zwirn ordentlich, beinahe nach Seemannsart gebündelt, oder wie die Wurzeln gesäubert und gekämmt werden, nicht zu bewundern. In der Regel stammen die Beiträge aus der unmittelbaren Umgebung, es ist schließlich keine Landesschau, jeder kennt den anderen, und da die Beiträge alle mit Namen gekennzeichnet sind, freut es einen zu sehen, wer teilnimmt.

Alles geht gentlemenlike zu, ein Wettkampf zwischen zwei Parteien, die seit Jahren abwechselnd gewinnen. 2007 wurde das Gleichgewicht gekippt. Wer war bloß D. Stirzaker? Neu hinzugezogen, eine Bereicherung fürs Dorf? Man freute sich über die Anzahl der Beiträge, eine wahre Pracht, die einem Gemüseladen glich. Anhand der fast professionellen Präsentation war es nicht zu übersehen, dass hier irgendetwas außerhalb der Norm im Gange sei. Als dann die Preise verteilt wurden und der Unbekannte als deutlicher Gewinner deklariert wurde, nahm er die Anerkennung ganz selbstverständlich an. Keiner wusste so recht, was man davon halten sollte, ein wahres Rätsel, ein neues Gesprächsthema. Und das war es in der Tat, etwas Unerhörtes, ein unbekannter langer, strammstehender Herr, der die Schau mit Beiträgen überflutet hatte.

Als die Pokale verteilt wurden, klatschte eine ebenso unbekannte und im Allgemeinen nicht bemerkenswerte Dame laut und energisch Beifall, als sein Name aufgerufen wurde. Sein persönlicher Fanclub? Fast, wie es sich später herausstellte. Er stammte aus einem der Nachbardörfer, hatte bereits drei Jahre hintereinander alle Preise für Gemüse gewonnen und war jetzt bei der dortigen Leistungsschau ausgeschlossen, daher die Infiltration bei uns. Ihm ging es tatsächlich ums Gewinnen, nicht nur um die Teilnahme – eine ausgesprochen unbritische Einstellung. Er lieferte aber wochenlangen Gesprächsstoff und die Überlegung, ob man nicht doch in den Regeln gründlich nachschauen sollte. Und Gemüse soll langweilig sein?

Auch bei den Blumengestecken brodelte es unter der Oberfläche. Nach jahrelanger Sitte sind es die Damen, die die Kirchenblumen arrangieren, die diese Klasse bestücken. Niemand anderer hat eine Chance. Aber es ist auch ihre einzige Möglichkeit, Beifall für ihre Künste zu erhalten. Wer dankt schon für die Energie, die Stunden und den Einsatz in einer Kirche. Während bei den anderen Klassen die Regeln einleuchtend sind, herrschen bei den Arrangements andere Maßstäbe. Wer mal zufällig in das Blumenarrangementzelt auf der Chelsea Flower Show gekommen ist, wird wissen, was ich damit andeuten will. Vergiss die Kompositionen an den Rezeptionen in den besseren Hotels weltweit, oder in Friseurläden, oder sogar von bekannten und angesehenen Floristen wie Jane Packer. Hier auf dem Lande geht es nach Constance Spry zu. Für nicht Eingeweihte: Sie war die Doyenne der Blumenarrangements, in einer Zeit, als es Debütanten und Finishing Schools gab und als es Sache von jeder besseren Hausfrau war, Blumen für alle Anlässe geschmackvoll zusammenzustellen. Mrs. Sprys Bücher waren damals Bestandteil der Ausstattung jeder frischverheirateten Ehefrau. Bis Anfang der 80er Jahre hielt es an, bis die Supermärkte mit ihren preiswerten Blumensträußen sowie die Veränderungen im Geschmack und der Mangel an Zeit die häuslichen Blumenkünste erheblich eingeschränkt haben. Jetzt sind sie nur noch in traditionellen Gegenden wie Süd-Somerset zu finden. Im Dreieck aufgebaut – die Maße werden vorgegeben und sind strikt einzuhalten –, Grünzeug seitlich und oben ausgestreckt, nicht zu ausladend, die Behälter total kaschiert und nur frontal zu bewundern, haben diese Arrangements kulturhistorischen Wert. Rosen, Dahlien, Gladiolen, aber bitte nichts aus dem Garten, sondern richtige Schnittblumen aus dem Blumenladen oder der Großhandlung füllen die Mitte, die Stängel fest in Steckmoos verankert. Als Beiwerk dienen Stoffe, sogar Figuren oder sonstige nicht pflanzliche Accessoires – farblich abgestimmt und dem Thema entsprechend, denn diese Kunstwerke müssen nach einem vorgegebenen Motto gestaltet werden. Präsentiert in ihren Kabinetten, wie Minialtäre für heidnische Götter, haben sie etwas Skurriles an sich. Besser noch sind die Miniaturgestecke, die oft Modellbaulandschaften, aufgebaut auf Tellern oder Schalen gleichen. Hier gibt es wirkliche Wunder und Meisterleistungen, wo die Fantasie endlich Mal freien Lauf hat.

Bei einer Leistungsschau dieser Art sind auch Kategorien dabei, die eine eher vage Verbindung zum Grünen und zu Gärten haben. Was mich immer fasziniert, sind die Limericks. Als ich im Vorstand des Queen-Camel-Gartenvereins war, habe ich versucht dahinterzukommen, warum diese Verse überhaupt zur gärtnerischen Leistungsschau gehören, insbesondere da sie selten ein gärtnerisches Thema haben. Keiner konnte mir eine Antwort geben, nur dass sie schon immer dazugehörten, wie der Wettbewerb um die höchste Sonnenblume. Für den Unterausschuss bedeutet es Kopfzerbrechen, den Anfangssatz ganz nach Art von Edward Lear, dem irischen Erfinder dieser Dichtart, aufzustellen. Die Ergebnisse – es waren in Queen Camel nie mehr als eine Handvoll – waren lustig und witzig und wurden oft von den Besuchern laut vorgelesen. Nebenan wurden Fotos und Gemälde ausgestellt, manche themenbezogen, andere frei nach Wahl. Immer eine schwierige Sache. Früher, vor den Zeiten der digitalen

Kameras, waren die Fotos oft banal, bestenfalls ein Versuch mit fraglichem künstlerischem Wert. Jetzt sind sie allzu oft aufgepeppt, leuchtend, wenn nicht gar grell in der Farbgebung, aber trotz aller Bemühungen ohne Inhalt. Wie in den besten Galerien wird alles bewertet, und über Tee und Kuchen, deren Qualität und Auswahl der beste Beweis für eine gelungene Schau ist, lebhaft diskutiert. Die Bewertungen der Juroren werden auseinandergepflückt, Vergleiche zum Vorjahr gezogen und die Arbeit des Gartenvereins bewundert und für gut befunden.

Nach drei Stunden ist die Sache zu Ende, die Tische abgeräumt, manche Produkte verkauft oder gar versteigert, das Geschirr abgespült, Tische und Stühle von allen, die noch da sind, zusammengeklappt, seitlich weggeräumt oder unter der Bühne verstaut. Wer Spaß an der Sache hat, kann von Mitte Juli bis Anfang September fast jeden Samstagnachmittag damit verbringen, die Leistungsschauen der örtlichen Gartenvereine zu besuchen. Man muss nur in der Lokalzeitung nachlesen, den örtlichen Hinweisschildern folgen oder einfach am Infobrett nachschauen. Einen besseren Einblick in die gärtnerischen Leistungen und den Ehrgeiz eines englischen Dorfs gibt es nicht.

Überraschender Besuch – mit den Tieren leben

Ein Garten auf dem Lande ist eine Herausforderung. Nicht etwa wegen des Bodens, des Klimas oder sonstiger berechenbarer Aspekte, sondern allein wegen des Unvorhersehbaren. Im Fall des aus der Stadt zugezogenen Gärtners ist die Liste von Feinden, die man erst mit der Zeit kennenlernt und mit denen man scheinbar einen ewigen Kampf führt, lang. Wenn es nur die Nacktschnecken wären, die überschaubar vorkommen, wäre es einfach. Das Gärtnern auf dem Land eröffnet neue Dimensionen und verlangt eine Umstellung. Man darf weder zimperlich noch sentimental sein, beides muss man in der Großstadt zurücklassen und schnell von den Ortsansässigen, am besten von den alten Gärtnern lernen. Grenzt der Garten an einen Wald oder an ein Feld, kommt es einem vor wie ein permanenter Tag der offenen Gartenpforte für die vierbeinigen Nachbarn. Zu der Frage, wie man mit Grenzen umgeht, gibt es unterschiedliche Meinungen. Die einen, die so genannte »Kenn-den-Feind-Schule«, behaupten, es sei besser zu beobachten, was kommt, um dann entsprechende Maßnahmen zu ergreifen, während andere behaupten, die pro-aktive Richtung sei angebrachter. Also sich im Garten verbarrikadieren: der Garten als Kampfzone.

Da unser Garten zur Einfahrt offen, an einer Seite von einem damals dschungelhaften Dickicht und am Zipfel von einem vermeintlich unüberwindbaren Ha-Ha begrenzt ist, sind die Chancen, unerwünschte Gäste im Griff zu halten, beschränkt. Sogar der einzige richtige Zaun war an mehreren Stellen unterbuddelt, etwas, was erst klar wurde, als die Nachbarshunde plötzlich voller Freude und Begeisterung über ihren Mut bei mir vor der Küchentür standen. Schwanzwedelnd warteten die kostbaren King-Charles-Spaniels anscheinend auf Beifall. Weitere Einbrüche konnten wir leicht verhindern, indem wir die Löcher mit schweren Steinen zustopften, bis der Zaun endgültig erneuert wurde.

Was die anderen Besucher angeht, war es schwieriger. Über Wühlmäuse, Kaninchen und Rehe wusste ich Bescheid, dass Eichhörnchen und Dachse auch zu einer Plage werden konnten, war mir neu. Wieso und warum Löcher wie auf dem Minigolfplatz im Rasen plötzlich über Nacht erschienen sind, war mir ein Rätsel. Gesehen habe ich nichts. Abends wieder geglättet, waren morgens neue Löcher, stets an anderen Stellen, zu finden. Dabei ist der Rasen wirklich alles andere als ein Musterbeispiel, er ist mehr Gebrauchsrasen mit hohem Gänseblümchen-Anteil als heißersehnter englischer Rasen. Trotzdem haben mich die Löcher geärgert. Als eine meiner Nachbarinnen, Jean, davon erzählte, sie hat es satt mit den Aktivitäten der Eichhörnchen, die regelmäßig zur Vogelfutterstelle kommen und anschließend ihre ergatterte Ware im Rasen vergraben, dämmerte es bei mir. Sie wollte nunmehr alles in Kies umwandeln, aber die Sache mit dem Vogelfutter nicht aufgeben. Damals wohnte Jean zwei Häuser weiter. Als sie dann ins Nachbarhaus umgezogen ist, brachte sie nicht nur ihre Möbel, sondern auch ihren Garten mit. Einen Rasen und die Auseinandersetzung mit den grauen Eichhörnchen wollte sie einfach nicht noch einmal erleben.

Erstaunlicherweise habe ich von Jeans Maßnahme profitiert, Löcher finde ich immer noch, aber wesentlich weniger als früher, und da ich einen Haselnussstrauch im Garten habe, darf ich nicht überrascht sein, wenn dieser ungeladene Gäste anzieht. Die Nahrungskette für die örtlichen Eichhörnchen ist unterbrochen, und von Garten zu Garten zu springen, scheint nicht mehr auf der Tagesordnung zu stehen. Oder vielleicht war auch einer der Bauern wieder mit der Luftpistole unterwegs. Wenn es nicht um den Rasenschaden ginge, wäre der Eichhörnchenbesuch nicht schlimm. Ihnen habe ich die Haselnusssträucher in den ungewöhnlichsten Ecken des Gartens, Kleinpflanzen, die scheinbar aus dem Nichts oder vielmehr aus alten »Vorratskammern« entstanden sind und zusammengepflanzt ganz gute lockere Hecken bilden, zu verdanken.

Wesentlich ärgerlicher und aufregender als die Eichhörnchen sind die Dachse. Nie hätte ich gedacht, dass ich beinahe eine Feindschaft zu einem Tier, das so nett in *Der Wind in den Weiden** von Kenneth Grahame porträtiert wurde und in Disney-Filmen immer als weiser alter Herr dargestellt wird, entwickeln würde. Während in anderen Teilen von England Dachse am Aussterben sind, wächst die Population im Südwesten. Als bedrohte Spezies stehen sie unter Artenschutz, ihre Bauten werden kartiert und ihre Entwicklung studiert. Alles schön und gut, aber in unserer Ecke der Welt droht eine Dachsbevölkerungsexplosion. Sie

---
* Kenneth Grahame, *Der Wind in den Weiden*, München, 2004

haben keine Feinde mehr, wachsen und gedeihen und suchen sich neue Reviere aus. North Cadbury scheint eine Dachszentrale zu sein, und Ridgeway Lane, eine alte, eingeschnittene Landstraße, gesäumt von hohen, steilen baumbewachsenen Sandböschungen, ist, an der Anzahl von Ein- und Ausgängen gemessen, die beste Adresse. Abends gehen die Dachse an der Cary Road spazieren, haben ihre eigenen Wanderwege, die immer erweitert werden, schmale Trampelpfade, die sich über Weiden, unter Zäunen und durch Gärten schlängeln. Diese Trampelpfade stören wenig, sie sind schließlich Teil vom ländlichen Netzwerk und gehören zum Lokalkolorit. Dass sie mit ihrem beachtlichen Gewicht alles platt drücken, wie kleine Walzmaschinen, ist irritierend, aber immer noch kein Grund zur Aufregung. Der Gipfel aber ist ihre Vorliebe für Gemüse und Obst, insbesondere für Kartoffeln, Karotten und Erdbeeren, aber bitte nur die schmackhaften Sorten. Als Vorkoster wären Dachse gut, denn sie nehmen einen Bissen, spucken den Rest aus und selektieren nur das Beste. Was sie hinterlassen, schaut aus, als ob ein Weltkrieg im Garten ausgebrochen sei, ähnlich der Verwüstung durch ein Rudel Wildschweine. Ich habe nur einmal Kartoffeln im Garten gesetzt und nie wieder. Jahre danach habe ich den kleinen Restbestand nie finden können, aber der Dachs schon. Sogar das kleinste Kartöffelchen war Grund genug, alles innerhalb eines Umkreises von zwei Metern aufzuwühlen. Wer keine Mauern bauen kann oder darf, setzt Elektrozäune, aber bitte niedrig, oder hält den Zaun in gutem Zustand. Wenn dies alles nichts hilft, muss man sich einfach anpassen und nichts anbauen oder pflanzen, was zur Lieblingsspeise eines Dachses gehört. So handhabe ich es jetzt. Wird nichts angeboten, marschieren sie gleich weiter und lassen einen in Ruhe. Das bisschen, was ich anbaue, gehört eindeutig nicht zu ihrer Lieblingskost. Salatblätter kommen im Allgemeinen nicht infrage, aber Rucola ist die Rettung und wird daher in großen Mengen als Schutzzaun von mir ausgesät. Pfefferig, mit zu harten Blättern und Stängeln für den Dachsgeschmack, ist dies eines der besten Abwehrmittel, ebenso wie Sauerampfer und Meerrettich. Noch schlimmer als die Verwüstung ist aber, wenn der Garten zu einer Dachslatrine umfunktioniert wird, etwas, was man meistens nur zufällig entdeckt und Angst hat, es sei der Beginn von anderen Vorhaben. Jeyes Fluid ist hierfür die Rettung, ein konzentriertes Desinfektions-Putzmittel, im Pferdestall verwendet, mit penetranter Duftnote, das zwar die Pflanzen leicht angreift, aber das Problem des unerwünschten Besuchs löst. Was die richtige, nachhaltige Lösung für das Dachsproblem ist, steht offen zur Diskussion. Sie haben keine Feinde, außer den Autos. Die Anzahl von Dachsleichen am Straßenrand lässt sowieso die Frage auftauchen, ob wirklich so viele Dachse auf diesem Weg sterben, denn einen Dachs absichtlich zu töten, wird mit hohem Bußgeld bis 5000 Pfund bestraft. Bauern in Südwest-England klagen seit einiger Zeit über höhere Fälle von Tuberkulose bei ihren Kühen, verbreitet durch Dachse. Eines steht jedoch fest: Ganz so lieb und harmlos wie in den Filmen sind diese Tiere nicht.

Da wir einen großen schwarzen Kater im Haushalt haben, leiden wir nicht unter dem Katzenproblem. Wie ein Wachhund beschützt er seinen Garten und hat es sogar fertiggebracht, Dachse zu jagen. Der Anblick von Kitty, hinter einem Dachs hinterherjagend, hat etwas Tom&Jerry-mäßiges an sich. Jetzt ein alter Herr, hat sich Kittys Mut offensichtlich herumgesprochen, und andere Katzen meiden The Dairy House wie auch Jeans Garten, der als Erweiterung seines Reichs betrachtet wird. Dass er sich dort wie in »seinem« Garten gern auf frisch eingesäter Erde rollt, ist ein Nachteil, für den ich mich bei Jean immer entschuldigen muss. Kater Kitty hält die Mäuse und Wühlmäuse im Zaum, etwas, was ich nur zu gut weiß durch die Dreingabe, oft nur ein Schwanz, die ich morgens finde. Manches wird von den Feldern hereingeschleppt, im einfachsten Fall leblos, im schwierigsten und aufwendigsten Fall lebendig. Dann darf ich auf Mäusejagd gehen, denn in dem Moment, wo das Tier im Haus ist, verliert Kitty jegliches Interesse daran. Mit Staubsauger, Geschirrtüchern und Besenstiel bewaffnet geht die Suche los, die Ecken durchstöbern und den Kühl- und Gefrierschrank vorrücken, alle Lebensmittel zudecken, verrammeln und abwarten. Das erste Mal bekam ich beinahe einen hysterischen Anfall und habe das komplette Haus desinfiziert. Jetzt gehe ich die Sache lockerer an, und im Zweifelsfall, wenn die tagelange Sucherei nichts gebracht und trotz offener Tür die Maus keinen Ausbruchsversuch gemacht hat, wird Kitty ohne Fressen in die Küche eingesperrt. Normalerweise entkommt die Maus, und manche Flucht ist zeichentrickfilmwürdig, wie die über die Terrasse, unter der Liege sowie zwischen den Beinen unseres ehemaligen Kindermädchens, das auf Urlaub bei uns war und nichts mitbekam und erstaunt war, warum ich und ihr Mann zum Boden starrten und das Lachen unterdrückten. Die Maus hatte es nämlich nicht auf einmal geschafft, sich vom Haus zu trennen und nahm mehrere Anläufe, um sich auf das Rennen vorzubereiten. Da ich kein Mäuseproblem habe, kann ich Blumenzwiebeln, vor allem meine geliebten Tulpen, im Freien nach Belieben setzen. Manche, wie 'Mariette', haben es Jahre überlebt, zwar etwas geringer in der Anzahl, aber sie sind noch da. Sie werden nicht angebissen und blühen in voller Pracht, denn als Extraschutz streue ich immer starkriechende *Allium*-Zwiebeln, mit Vorliebe 'Purple Profusion', dazwischen. Man muss nur wissen, wie man sich helfen kann.

Das Schneckenproblem habe ich insofern gelöst, als ich ganz auf schneckenliebende Pflanzen verzichte, also keine Funkien und nichts mit schmackhaften weichen Blättern anpflanze. Die Vögel helfen auch und wir halten mit gemeinsamen Kräften alles im Griff. Wenn der Preis dafür ist, dass einige Rote und Schwarze Johannisbeeren oder Himbeeren abgegeben werden müssen oder die Äpfel manchmal angepickt sind, ist es nur recht. So extrem wie Mrs. Dexter damals in den 80er Jahren ihren vorzeigewürdigen schmalen Reihenhausgarten in Oxford im Griff hatte, wollte ich nicht werden. In dem mit Pflanzen eng bepackten Garten waren überhaupt keine Spuren von Ungeziefer. Die Funkienblätter waren alle im besten Zustand, und alles streckte und reckte sich, um gesehen zu werden. Wie hat die zierliche, silberhaarige, sehr damenhafte Mrs. Dexter es fertiggebracht? Was als Antwort kam, überraschte uns alle. Ich war damals mit Freunden bei ihr zu Besuch, und wir schauten uns sprachlos an. Es sei ganz einfach: In regelmäßigen Anständen, am besten an windstillen Abenden, ziehe sie ihre Uniform an und marschiere den engen, leicht schlenkernden Weg auf und ab und besprühe den Garten. Die Nachbarn wüssten davon und wären daher nicht abgeschreckt von diesem Anblick. Damit war das Problem gelöst. Allein die Vorstellung von einer wie in einem Science-Fiction-Film gekleideten Person, auf und ab gehend mit Spritze in der Hand in einem typischen englischen Reihenhausgarten, war zu viel. Wer weiß, wie es im Gartenschuppen aussah? Ihre sonstigen gärtnerischen Fähigkeiten und ihr Erfindungssinn waren bewundernswert und einzigartig, vom Einsatz ihrer Strumpfhosen und Strümpfe (aber bitte nur hautfarbene) als Strick, um die Pflanzen zurückzuhalten, bis hin zu den gekonnten Farbzusammenstellungen. Der Garten war ihr Prachtstück, ihre Pflanzen waren ihr das Wichtigste und alles war recht im Kampf gegen das Ungeziefer.

Über die Jahre habe ich gelernt, was am besten gedeiht und was am besten von den Mitbewohnern meines Gartens angenommen wird und was nicht. Jetzt leben wir in einer Art Gleichgewicht. Ich lasse wilde Ecken sich gezielt entwickeln, versuche Heimisches zu unterstützen und setze viel Blühendes. Was mich am meistens freut, sind die Vögel, und manchmal glaube ich, der Garten sei die reinste Voliere. Wer braucht ein Radio, wenn man solche Musik vor der Tür hat, und welches Orchester bringt so viele Extras mit? Es sind die Rotkehlchen, Meisen, Sperlinge, Amseln, Finken und dick aufgeplusterten Waldtauben, die das Geräusch der Schnellstraße überdecken. Am lautesten ist der kleine Zaunkönig, der schrill, hoch und lang singt. Die Sperlinge »weiden« auf dem Rasen, piken die Oberfläche in regelmäßigen Abständen, sodass ich nie zu vertikutieren brauche. Es sind aber die Mitbringsel und Geschenke, die die Vögel hinterlassen, die mich am meisten freuen. Blumen, die ich nie gepflanzt noch ausgesät habe und die auch nicht vom Wind in den Garten geweht wurden: Königskerzen, Nachtkerzen, Kratzdisteln, Fingerhüte und vieles mehr.

In tiefsten Dorset –
exklusive Gartenausflüge mit Border Lines
Etappe 1: Ein Garten auf dem Land

Jedes Jahr, wenn zeitgleich mit der Weihnachtspost die neue schmale Broschüre mit den Gartenausflügen von Border Lines zugeschickt wird, nehme ich mir vor, mitzufahren. Getrieben von Neugier und dem Wunsch, als Gast und nicht als Organisator teilzunehmen, lese ich die Tagesprogramme mit wachsender Begeisterung durch. Was zieht, ist die geheimnisvolle Verschleierung um die Namen der Eigentümer, der Hauch von Exklusivität und das Versprechen von guter Verpflegung. Einmal habe ich es sogar geschafft, einen Tag zu buchen, um später wieder abzusagen. Leider ist es Tatsache, dass die Monate Juni und Juli für jeden Gärtner oder Gartenfan viel zu kurz sind – wie soll man sich bloß entscheiden zwischen dem enormen Angebot an Gartenaktivitäten? Kaum klingen die Pflanzenmärkte aus, geht es los mit den Gartenschauen und den offenen Gärten. Theoretisch wäre es möglich, jeden Tag damit zu füllen, aber wenn man selber einen Gartenfleck hat, oder gar berufstätig ist, schwinden die freien Tage im Nu. Vielleicht ist die Lösung, nur eine Wohnung zu haben, Urlaub zu nehmen und die Gartenlust durch Gartenreisen mit einer kompetenten Gartenreisefirma zu sättigen.

Wohl ahnend, dass es bei dem versprochenen Fertigstellungstermin des Anbaus für Dairy House nicht bleiben wird und ich dadurch verhindert sein werde, meinen eigenen Garten zu pflegen oder gar mich darin aufzuhalten und ich deshalb unter Gartengenussentzugserscheinung leiden würde, hatte ich mich frühzeitig für einen Border-Lines-Gartentag in Dorset eingeschrieben. Und wie richtig dies war. Von meinem Garten waren nur die Randbereiche – trotz ordentlicher und rücksichtsvoller Lagerung – frei von den Auswirkungen der Baumaßnahme. Mittagspausen im Freien waren erheblich eingeschränkt. Nie zuvor war ich so blass und ausgehungert nach Grün und Blühendem. Mit der Buchungsbestätigung, einem handgeschriebenen Blatt, kaum mehr als ein Schmierzettel, kam die Reiseroute zur Sammelstelle. Wie gut, denn auch ein Navigationssystem hätte Schwierigkeiten gehabt, den Workingmen's Club in Whichampton zu finden. Wie einige andere traditionelle, ländliche Grafschaften Englands hat auch Dorset zwei Seiten: das, was von den Bundesstraßen und größeren Landstraßen aus sichtbar ist und das, was abseits, entlang der schmalen, kurvenreichen, mit hohen Feldhecken begrenzten Landstraßen liegt. Die Gefahr, sich hier zu verfahren und endlos im Kreis herumzugeistern ist groß, auch wenn es sich nur um wenige Quadratkilometer handelt. Tief in Thomas Hardy Country lernt man schnell den Wert der hervorragenden britischen Ordnance-Survey-Landkarte zu schätzen, wo alles, von der Dorfkirche bis zur Telefonzelle, markiert ist. Dieses Mal aber waren die Hinweise, auch wenn sie einem Gesellschaftstanz ähnelten, gut: links, links, rechts, rechts, links. Die Meilen zogen sich unendlich hin, bis, wie versprochen, doch eine Linde in einem Dreieck auftauchte. Die Nerven beruhigt, ging es jetzt nur darum, den Treffpunkt zu finden, an dem ich prompt vorbeigefahren bin. Der Workingmen's Club – eine ausgesprochen nordenglische Einrichtung, eher in Industriegegenden als mitten in der bukolischen Idylle zu finden – war ausgesprochen cottagemäßig, absolut nicht das, was ich mir vorgestellt hatte. Hier warteten schon die ersten Gartenfreunde, beladen mit Taschen und Hüten für jedes Wetter sowie Gummistiefeln, Regenjacken, Strickjacken und natürlich Notrationen – genug, um einen Flohmarkt zu bestücken. Nur gut, dass der Bus so geräumig war. Die Anmeldebestätigung war ebenso improvisiert wie die Zahlweise der Organisation, es war mehr wie mit einer Gruppe von Bekannten als mit einem Profiteam zu reisen. Alles lief locker und lässig. Die Teilnehmerliste war an den Zeitplan angeheftet. Mit Cary Goode und ihren zwei Helferinnen von Border Lines waren wir insgesamt 42. Jeder trug brav und gut sichtbar ein aufklebbares Namensschild. Ich muss gleich gestehen, dass Namensschilder ganz oben auf meiner Was-ich-am-meisten-hasse-Liste stehen. Sie erinnern mich immer an langwierige Fachkongresse oder Klassentreffen, wo keiner den andern kennt, weil sie sich so verändert haben und man die Anonymität gern als Schutz hätte.

Abgehakt, anwesend und verstaut im Bus, vorn voll, hinten freier, fuhren wir los. Nach kaum einem Kilometer begegneten wir dem ersten von vielen Der-Bus-ist-zu-breit-für-die-Straße-Hindernissen. Rangieren, schauen, die Ruhe bewahren – Busfahrer wie auch Gäste – gehört zur Tagesordnung, zusammen mit dem verdächtigen Quetschen und Kratzen von Astwerk gegen Metall. Während dieser ersten Schwierigkeit gab unsere Reiseleiterin ganz unbesorgt vom Vorgehen zur Begrüßung bekannt, dass es leider im nächsten Garten nicht den ansprechenden Border-Line-Stil-Morning-Coffee in Porzellantassen geben wird, sondern nur in Pappbechern, der Kaffee sei aber »echt«. Soviel zu Verwaltungstechnischem und Ortsinformation. Im Schneckentempo vorbei an einem parkenden Wohnwagen und einer Autogarage mit versammelter staunender Mannschaft auf der linken Seite, rechts einem niedlichen Cottagegarten weiter zum nächsten Nadelöhr. Wiederum diente der Bus als Heckenschneider, streifte an den beidseitigen hohen Feldhecken und herunterhängenden Baumkronen vorbei zum ersten Anwesen, Cock Crow Farm. Wir waren tatsächlich mitten in der Dorset-Prärie, wenn man überhaupt davon sprechen kann, gelandet.

Vom Bauernhof war kaum eine Spur, nur niedrige Ziegelsteinwirtschaftsbauten in Hufeisenform angelegt. Mit einem »Der Head Gardener wird uns alles erklären« schlüpften wir durch ein Seitentor in einen gestylten Mini-Obstgarten. Statt der vertrauten regelmäßig stehenden, freiwachsenden einzelnen Hochstamm-Obstbäume wuchsen hier auf engstem Raum Apfelbäume mit einem »französischen Dachschnitt« versehen, der Auftakt zu mehr Spalierkunst. Der Garten war offensichtlich ein Begriff für viele der Besucher, für mich war er eine Überraschung. Auf dem Vorplatz, vor dem Buchsparterre wartete der Gärtner, jung, schmal und schüchtern, im Gärtnersgewand gekleidet. Er sei, wie er uns erzählte, der einzige Gärtner, sozusagen sein eigener Chef über das über 1 Hektar große Anwesen, und da die Familie nur an den Wochenenden aus London käme, wäre er oft tagelang allein. Später, als wir den Umfang des Gartens sahen, wurde klar, was für eine Leistung es war, das Areal zu pflegen. Allein die scheinbar unendlich lang laufenden Meter Eibenhecken instandzuhalten, schluckte mehrere Arbeitstage, wenn nicht Wochen. Informationen zum jetzigen Eigentümer und seiner jungen Familie interessierten die versammelte Gruppe weniger als die ursprünglichen Gestalter und Besitzer von Cock Crow Farm. Mit den schwarz gebeizten Fenstern, der streng, jetzt etwas aus der Form geratenen Pflanzung, erinnerte mich das Anwesen an Designs vom Ende der 70er Jahre, als das Postmoderne aktuell war. Als der Gärtner John Stefanidis, Innenarchitekt und Befürworter der Postmoderne-Bewegung, als ursprünglichen Eigentümer und Gestalter des Anwesens nannte, dämmerte mir der Grund meiner Informationslücke. Sämtliches, sei es Musik, Kunst oder Architektur, aus der britischen Szene der 80er Jahre gehört zu meiner verlorenen Epoche, eben der Zeit, als ich in München wohnte, und alles Bayerische wichtiger war als das Britische. Nur gut, dass man aufholen kann. Zusammen mit der Gartengestalterin Arabella Lennox-Boyd und Pflanzenexperte Keith Steadman wandelte Stefanidis den einstmals bescheidenen Bauernhof in ein Vorzeigeobjekt der damals angesagten Gestaltung, das jetzt zirka 30 Jahre später wie ein Denkmal einer vergangenen Zeit wirkt. Ohne weitere Erläuterung wurden wir eingeladen, den Garten zu besichtigen, für Fragen zur Bepflanzung wäre er, der Gärtner, zur Stelle.

Die Gruppe löste sich auf, eine Handvoll blieb im Innenhof, manche kannten die Bilder von früher, als die Buchshecken des Parterres viel zärtlicher und schmaler, der Lavendel, jetzt dünn gepresst zwischen den Buchswulsten als bürstenartige Streifen, standen. Der Innenhof hätte eigentlich von oben bewundert gehört, dann wäre das Muster des Parterres zur Geltung gekommen. Aber umgeben von einem Bauwerk, das in der Essenz ein

Bungalow war, wenn auch ein vornehmer, wurde es nie aus dieser Perspektive gesehen. Auch der Innenhof selbst war ein Entree ohne Eingang. Erst, als man um einen Flügel, wiederum durch eine schmale Öffnung aus dem Innenhof trat, wurde deutlich, dass der Garten Begleitgrün zum Gebäude war. Der Grünstreifen parallel zum Innenhof war zwar mit einem Ha-Ha als Einfriedung zur Kulturlandschaft versehen, aber mit Blumeninseln verstreut, sodass der Versuch, einen ruhigen und großzügigen Übergang zu schaffen, zerstört war. Das Rätsel, wo sich der Rest der Gruppe aufhielt, wurde gelöst. In einem kaum mehr als zwölf Quadratmeter großen Gartenraum, erreichbar durch einen engen Schlitz in der Eibenhecke, war der Kaffeeausschank. Zwei riesige Rosenbüsche, *Rosa mundi* zur einen Seite, 'Marie Louise' zur anderen, jeweils von Koppelzäunen gebändigt, wirkten wie übergroße Sträuße. Von hier führte ein weiteres grünes Zimmer zum Wintergarten, wo eine riesige Engelstrompete den ganzen Raum füllte. Versteckt hinter einer hohen Hecke war das Freiluft-Esszimmer, umgeben von grünen Mauern und nach oben mit einer Pergola abgeschlossen. Der Teakholztisch und wuchtig wirkende Stühle füllten den Raum, der beengt und bedrohlich wirkte, zu viel Holz, zu viele Farben, die Licht aufsaugten, mehr höhlenartig als Freiraum. Nur schnell hinaus und zurück zum Licht und »Kaffeeplatz«. Etwas perplex über die Größe des Gartens und wo sich wohl der Rest versteckte, spähte ich beim Kaffeetrinken über taillenhohe Eibenhecken. Zur Rechten weitläufige Gerstenfelder, zur Linken der Wintergarten und dahinter Wirtschaftsbauten, hinter einem das Wohnhaus und direkt im Blickwinkel vor einem ein mächtiger, ausladender Solitärbaum, der den Blick zum Wald versperrte, oder war es wirklich so? Als ich jedoch länger hinschaute, bemerkte ich zwischen dem Laub, scheinbar im Wald, eine markante Gestalt mit Panamahut, und als die Augen sich an das Dunkel gewöhnten, auch die Spuren eines gepflasterten Wegs. Trotz fehlender Blickachse, aber nach der Maxime »Wo gepflastert ist, gibt es etwas zu entdecken«, überquerte ich die Rasenfläche und wurde überrascht.

Hier, wie in den Romanen von Jane Austen, war »die Wildnis«, ein kleines Arkadien, eine Welt für sich, scheinbar ohne Verbindung mit dem Rest des Gartens. Hier waren die fehlenden Hektar. Von einem mit Lindenbäumen bepflanzten Rondell strahlten fünf Rasenwege aus, nicht alle eindeutig auf Blickpunkte zu, was für mich etwas verwirrend war. Rechts führt die Achse auf eine undefinierbare Bebauung zu, teils kleinwüchsiger Turm, teils Taubenschlag, für mich wie aus einem Märchen, wo die böse Fee residierte und wo man lieber nicht hinging. Die lange mittlere Achse war wesentlich freundlicher und einladender mit Lichtflecken bestreut und auf einen Birkenhain, mit Fingerhüten unterpflanzt, zuführend. Hier waren kleine Seitennischen untergebracht, jeweils mit Eiben umgeben, mit Blick auf die Landschaft. Hier fand ich den »Panamahutforscher«, der sich ebenso von der Gruppe befreit hatte und die Ruhe und eigenartige Stimmung genoss. Er versicherte, dass der Garten wirklich hier zu Ende sei, er wäre schon im Dickicht gewesen.

Aus einem Trampelpfad kam eine ältere Dame hervor, die alles mit kritischem und erprobtem Auge begutachtet: »Hier fehlte es an einem Konzept.« Eine mehr als erstaunliche Beurteilung von einer Gestalt, die man eher mit Cottagegärten assoziieren würde als mit Architekturkritik. Wiederum eine Lektion fürs Leben: Urteile nicht allein nach dem Aussehen. Nach meiner

Bemerkung, die Anlage erinnere mich an die Gestaltungsphilosophie der AA – Architectural Association, die Architekturschule in London in den 70er Jahren, wo alles Klassische von Palladio und Nachkommen mit Begeisterung aufgenommen und neu interpretiert wurde –, erklärte die Dame, sie hätte dort Garten- und Landschaftsdenkmalpflege studiert. Manchmal sind es die Begegnungen, die eine Reise ausmachen, und so war es auch hier. Sie hatte recht.

Architektur und Gartenarchitektur Ende der 70er und Anfang der 80er Jahre waren gekennzeichnet von einer Vorliebe für Klischees, für Dekor ohne Nutzung und auch für Affekte, die zwar klassische Ursprünge vorweisen, aber in der modernen Interpretation oft fehl am Platz waren. Daher die Schwierigkeit, sich zu orientieren und, für mich der Test eines guten Gartens, einen skizzenhaften Plan von der Anlage zu zeichnen. Hier war ein Sammelsurium von Gartenräumen, als Ausschnitt fotogen, attraktiv, sogar reizvoll, aber als Gesamtwerk ohne Zusammenhang. Die beste Bemerkung war aber: »Ein Garten, in dem niemand wohnt.« Und so war es auch, ein Schaugarten, der nur gelegentlich mit Leben gefüllt wird.

Ohne einen erinnernden Aufruf sammelte sich die Gruppe am Bus, es wurde zweimal durchgezählt, beiläufig durchgegeben, dass wir etwa eine Stunde fahren werden, und wiederum presst sich der Bus durch die überhängende Vegetation. Die Fahrt war eine Gelegenheit, den Nachbarn kennenzulernen. Wie eine kleine Elite fühlten sich die Rücksitzpassagiere verbunden, und es wurde klar, welche Entfernungen manche Gäste hinter sich hatten. Zwei Freundinnen aus Henley-on-Thames waren seit 6 Uhr früh unterwegs, hatten bereits 2 ½ Stunden Fahrzeit hinter sich und gehörten zu den alten Hasen bei Border Lines. Überhaupt waren die meisten Stammgäste, planten oft ihren Urlaub um die Gartenausflüge, nahmen sich wie der »Panamahut« die ganze Woche frei und fuhren von Ort zu Ort, um an den Gartenbesuchen teilzunehmen. Abwechselnd, wie die Organisatorin Cary Goode, einen Tag Hinfahrt, einen Tag Besichtigung, die Übernachtung bei Freunden oder im Bed & Breakfast nach den Empfehlungen in der Broschüre.

Etappe 2: Mittags an der Küste

Durch die Ausläufer des New Forest, früher ein flächendeckender, dichter Laubwald, jetzt mit Kiefernwäldern durchwebt und in Straßennähe mit geschickt angelegten Campingplätzen bestückt, die zwischen Astwerk und Unterwuchs verschwanden, setzte sich unsere Fahrt südlich Richtung Küste nach Corfe Castle, einer imposanten Burgruine auf der Insel Purbeck fort. Viele waren zum ersten Mal in dieser Gegend und hätten gerne gewusst, was sich vor dem Busfenster abspielt. Als das Mikrofon endlich angeschaltet wurde, kam keine Bemerkung zum Ort, sondern eine offensichtlich viel wichtigere Durchsage zur Verpflegung.

»Wir müssen uns zu Mittag in zwei Gruppen aufteilen, aber bitte nicht alle in die erste Gruppe.«

War das alles? Das Verwaltungstechnische wurde geregelt, die Tischzeiten auf einer Liste aufgeführt, und dann wurden wir uns selbst überlassen und konnten uns voll auf die bezaubernde Landschaft konzentrieren. Den Forst hinter uns lassend, überquerten wir nunmehr eine flache, offene Landschaft, mit verstreuten Feuchtwiesen, den Ausläufern der riesigen Bucht von Poole Harbour. Vor uns ragte Corfe Castle in die Höhe, der

Wächter bei Angriff vom Land und Meer, aber seit dem Überfall von Oliver Cromwell im 17. Jahrhundert nurmehr eine Ruine. Immer noch imposant, strahlte die Burg trotz Sonnenschein etwas Bedrohliches aus. Die Straße verengte sich, und wir hatten eine Chance, das bildhübsche Dorf – wo meine Nachbarin sich erinnert, hier während eines Golfkurzurlaubs gut genächtigt zu haben – zu bewundern. Gleich nach Corfe kam der Anstieg nach Worth Maltravers. Diese Straße gehört bei gutem Wetter zu einer der schönsten von Dorset und ist wirklich eine Reise wert. Der Panoramablick ins Landesinnere ist einmalig, ausgebreitet vor einer langgezogenen Hügelrippe, unterbrochen nur vom kleinen Pass, bewacht von Corfe Castle, das wie ein einzelner Zahn hervorsteht, dahinter der New Forest. Zum Osten schimmert Poole Harbour hervor und Richtung Westen die sanfte, scheinbar endlose Hügellandschaft von Süd-Dorset. Zum Ärmelkanal ist der Blick nicht weniger beeindruckend, Felder scheinen einfach ins Meer überzugehen, Farben wie Formen sind reduziert und vereinfacht.

Dieser Eindruck der Abgeschiedenheit zeichnet diese Ecke von Dorset aus. Die Insel Purbeck, in der Tat eine Halbinsel, ist eine Welt für sich. Geologisch hochinteressant ist die Kalksteinlandschaft, die von Ablagerung, Witterung und Wasser geformt wurde. Sie ist Teil der Jurassischen Küste, seit 2001 UNESCO-Weltnaturerbe und auch Auftakt des Südwestküsten-Wanderwegs, der um ganz Südwestengland führt. Diese Gegend hat mich immer mit der magischen, fast unwiderstehlichen Kombination von Naturstein, Meer und seinem echten Pub »Square and Compass« angezogen. Rustikal, urig, mit gutem Bier, einem beschränkten Angebot an Essen, einem offenen Kamin und noch dazu wanderschuh- und hundefreundlich ist diese traditionelle Art von Pub etwas Seltenes in einer Zeit von durchgestylten Gastropubs. In vieler Hinsicht scheint die Zeit hier stehen geblieben zu sein. Auch die vielversprechenden Straßennamen der Gegend, wie der »Mönchsweg«, deuten auf die Vergangenheit hin. Meine Begeisterung musste ich meinen Rücksitzgenossen mitteilen – nach fast drei Stunden Ruhe konnte ich meine innere Reiseführerin nicht mehr zurückhalten.

Über die Jahre haben wir mehrere Wanderungen in dieser Gegend unternommen, entlang der Küste und auch durch die Dörfer. Immer auf der Suche nach interessanten Gärten war ich stets neugierig, was hinter den hohen Natursteinmauern, den einzelnen, sparsam verstreuten Siedlungen vor sich ginge. Jetzt hatte ich endlich die Möglichkeit nachzuschauen. Vorher waren aber die Fahrkünste des Busfahrers gefragt. Der Bus sollte rückwärts durch ein Feldtor über einen Gitterrost für Weidetiere rangieren und anschließend gut 100 Meter den Feldweg zurückstoßen. Ein anderer Fahrer hätte aufgegeben, aber nicht John. Millimeterarbeit war anscheinend sein Metier. Der Hausherr, der geduldig auf uns wartete, half beim Manöver. Als das geschafft war, sprang er in seinen Allrad, fuhr vor und begrüßte uns einzeln beim Aussteigen. Der Bus wurde einfach im Feld stehen gelassen. Dann begleitete uns der Hausherr zwischen hellgrauen dünnen geschichteten Natursteinmauern die Zufahrt entlang zu einem grünen Rondell mit einer alten ausladenden Esche, vor einem scheinbar uralten Haus. Hier wartete seine aparte, silberhaarige, aber doch sehr jugendlich aussehende Ehefrau samt Gärtner. Das Anwesen war zwar von ähnlicher Größe, aber sonst das absolute Gegenstück zum ersten Anwesen, das wir besichtigt hatten. Denn hier war ein Ort, der über die letzten 25 Jahre gereift und organisch gewachsen war, wo jeder Eingriff mit Bedacht überlegt wurde. Es war vor allem ein Garten, der die Landschaft und das Meer mit einbezog und der bewohnt war.

Es ist ein Verdienst der Besitzer, die das denkmalgeschützte Haus und das Grundstück vom National Trust gepachtet haben, den dominierenden hellgrauen, schichtenartigen Naturstein in Griff zu kriegen. Zählt man noch die vorherrschende reduzierte Farbpalette Blau (der Himmel und das Meer), Gelbgrün (die Felder) und Hellgrau (die lebensnotwendigen Natursteintrockenmauern) dazu, die im Winter auf nur zwei Farben schrumpft, nämlich Grau und Grün, so ist es umso erstaunlicher, was daraus geworden ist. Die erste hungrige Gruppe verschwand, und die echte gartenhungrige Gruppe blieb bei der Besitzerin. Darunter waren die »Einzelgänger« wie der Herr mit Panamahut, der im vorherigen Garten auf Entdeckungsreise ging. Statt in alle Richtungen zu gehen, blieben wir zusammen. Es wurde uns von der Dame des Hauses erklärt, sie möchte uns den Garten zeigen, würde aber eine bestimmte Route nehmen und entschuldigte sich im Voraus, wenn sie »bossy« (bestimmend) erscheine, aber es gäbe einen guten Grund dafür. Auch wenn ich Führungen meistens meide, da zu oft der Führer und nicht der Garten im Mittelpunkt steht, war es hier absolut nicht der Fall. Informativ, aber nicht belehrend, ausführlich, aber nicht langweilig, spontan und heiter, war es ein Vergnügen mitzugehen.

Über die grüne Mitte, mit verstreuten Buchskugeln wie vergessene Fußbälle zwischen dem Kies, marschierten wir einen schmalen Weg zwischen riesigen Geranien der Sorte 'Karl Martin' zum Schwimmbeckengarten. Wie aus den Seiten der Zeitschrift *Côte Sud* lag vor uns eine Mittelmeergestaltung mitten in England. Vielleicht lag es an den hohen Natursteinwänden, dem Rundbau, in dem die Pumpanlage untergebracht war und mir wie ein Nuraghe vorkam, oder einfach an der subtilen Farbgebung und großzügigen, aber nicht überdimensionierten Fläche. Bodendeckende Gamander *(Teucrium chamaedrys)* und Thymian unterstrichen die südliche Stimmung. Oder vielleicht war es einfach das leuchtend blaue Schwimmbecken mit Natursteineinfassung. Wie bei den zehn kleinen Negerlein, wurde die Gruppe auf unerklärliche Weise immer kleiner, bis nur ein harter Kern verblieb. Die Führung ging weiter durch den schmalen Rosengarten, der aus einem mittigen Weg, gesäumt von Beeten, bestand. Gehalten in Weiß und Blau, unterbrochen mit gelegentlich zugeflogenem Gelb, waren weiße Rosen der Sorte 'Macmillan Nurse' (nicht 'Schneewittchen', wie uns erklärt wurde) in der Mehrzahl. Hier wiederum zeigte die Besitzerin ihre Vorliebe für kontrollierten Umgang mit Farben und Struktur.

Der Rundweg führt weiter auf der Zufahrtsstraße am Bauernteich vorbei. Gegenüber, in einen kleinen Pflanzstreifen entlang der Natursteinmauer, war ein Band von geschlitzten, purpurlaubigen Holundersträuchern *(Sambucus nigra* 'Black Lace'*)*, gepflanzt, die die Luft mit dem zarten, unverkennbaren Duft des Frühsommers füllten. Mit jedem Schritt war etwas Neues, Unerwartetes zu sehen. Wir waren am Rande des Wirtschaftshofs, aber statt, wie es oft der Fall ist, die offenen Flächen und Zwickel beiläufig zu bepflanzen, wurde hier mit Bedacht gearbeitet: Kopfweiden, unterpflanzt mit Ziergräsern, Chinaschilf *(Miscanthus grazilis)*, Federgras *(Stipa gigantica)* und Hirse *(Panicum)* und als Highlight dazwischen orange Steppenkerzen *(Eremurus*

'Pinokkio'). Warum der Aufwand – handelt es sich hier nicht nur um eine Seitenfläche? Der Grund wurde klar, als wir auf das gegenüberliegende Wohnhaus aufmerksam gemacht wurden. Der Blick von den oberen Räumen zielte direkt auf diese Ecke, und diese musste gärtnerisch, aber nicht kleinteilig gestaltet werden. Inspiriert durch den Wind, das graue Gestein im Kontrast zum (meist) blauen Himmel, ist das Resultat ein beispielhaftes Farbenspiel.

All dies haben wir nur im Vorbeigehen so mitbekommen, nun standen wir um einen eingefassten Gartenraum direkt am Wohnhaus. Der kleine, traditionell gehaltene »Vorgarten« mit Einfassungsbuchs, Lavendel und Stockrosen vor der Hauswand, war genau das, was man erwartet hätte. Bis jetzt war die Anlage gut, aber nicht exzeptionell. Aber jetzt kam der Grund, warum die Hausherrin so bestimmend war. Mit einer theatralischen Geste öffnete sie ein bescheidenes Holztor, zurückversetzt in der umlaufenden Gartenmauer. Fürs Erste herrschte Ruhe. Auch die Kameras blieben still. Was für eine Farbenpracht – Claude Monet hätte es nicht besser geschafft. Noch weiter betont durch den kornblumenblauen Himmel, stachen Primärfarben, gefolgt von Sekundärfarben hervor, und dann war es, als ob die gesamte Malpalette von fröhlicher Farbe über die Wiese gegossen wurde: Island-Mohn, Jungfer im Grünen, Wiesen-Margeriten, weißer Fingerhut standen eng an eng, ohne jegliche Ordnung, einfach prächtig. Was alle natürlich wissen wollten, war, wie man so etwas pflanzt. Mit Samen? Die Abbildung auf dem Samenpaket verspricht so einen Effekt, aber selten gelingt es wirklich so. Hier, wie vieles im Garten, war es das Ergebnis eines Fehlstarts. Die ursprünglich geplante Blumenwiese wollte einfach nicht richtig wachsen, die Gräser waren zu fett, die Erde des ehemaligen Gemüsegartens einfach zu fruchtbar und das Unkraut zu kräftig. Den Humus abzutragen war viel zu aufwändig; und so entschlossen sich die Hausherren, Malcolm, der Gärtner, und seine Frau Liz, ein Experiment durchzuführen. Der Bereich wurde gerodet, lediglich die alten Obstbäume blieben stehen, ein Jahr lag alles brach, dann wurden Tüten von ein- und zweijähriger Pflanzensaat darüber gestreut. Das Ergebnis war einfach erstaunlich. Ein Rasenweg führt diagonal durch die Wiese zu einem bastionsartigen Ausguck, mit Blick auf die Klippen und weiter zum azurblauen Meer. Nicht wissend, wo wir zu erst hinschauen sollten, in die Ferne oder zur Blütenpracht, drehten wir uns im Kreis. Es blieben keine Zweifel mehr unter der Gruppe, dass man bereit wäre, die Mehrarbeit der jährlichen Verstreuung von Saatgut im Frühling auf sich zu nehmen, wenn das Ergebnis so fantastisch ist. Mit dieser wunderschönen Spielerei als Höhepunkt war die Führung und somit unser Besuch zu Ende, und kaum jemand wollte oder konnte sich davon losreißen. Glücklich und gesättigt mit Eindrücken, hätten wir beinah das Mittagessen vergessen.

Etappe 3: Nachmittags zum Tee bei Martin Lane Fox

Auf magische Weise fand sich die Gruppe wieder am Bus zusammen. Die Herren halfen das Geschirr zu tragen, das im Kofferraum des Busses verstaut wurde und offensichtlich zur Grundausstattung von Border Lines gehörte. Bei Sonnenschein, leichter Brise und blauem Himmel wären wir alle gern länger an der Küste geblieben, aber der nächste Garten rief. Johns Fahrkünste waren wieder gefragt, was er meisterhaft ohne zu zögern vorführte. Wenn die Landschaft nicht so spannend gewesen wäre, hätte ich mir auch einen Mittagsschlaf gegönnt, aber nach Verlassen der bekannten Route war ich neugierig, wo sich unser letzter Garten befand – Busreisen sind eine hervorragende Methode, neue Gegenden kennenzulernen oder auch Bekanntes aus erhöhter Perspektive zu erspähen. Wie inzwischen zur Gewohnheit geworden, war die Zufahrt zu Bloxworth House dicht zugewuchert, und es war fraglich, ob ein Bus überhaupt Platz hat. Die Geräusche wurden lauter, das Quetschen und Vorbeistreifen hatte etwas Metallisches an sich, was sogar dem Fahrer zu bedenken gab: »Bis hierher und nicht weiter.« Die letzten 100 Meter mussten wir zu Fuß gehen, was durchaus vorteilhaft war, nur so war die Idylle wahrnehmbar.

Eine Filmkulisse hätte es nicht besser treffen können. Das alte zweistöckige Gutshaus mit Giebeln, Unmengen Schornsteinen und langgezogenem Schieferdach schmiegte sich wie selbstverständlich ins Tal, im Vorfeld eine parkähnliche Landschaft, punktiert mit ausladenden Solitärbäumen und mit Weiden im Hintergrund. Gewagt, aber trotzdem passend, streckte sich ein formales Wasserbecken, mehr Kanal nach Art Le Nôtres als die zierlichen, rinnenmäßigen Interpretationen von Lutyens, wie ein Teppich in die traditionelle Idylle. Beidseitig flankiert von Alleen aus Kiefern *(Pinus nigra)* in »Lutscherform« merkten wir schnell, dass hier nicht alles nach gewohntem englischem Gartenschema ablaufen wird. Vielleicht hätten wir aber vorher anhand des Vorfelds zur kleinen Getreidescheune, einem im Raster angelegten Lavendelfeld, ahnen können, dass es sich hier um etwas Besonderes handelt. Hier wohnt der international bekannte Gartengestalter Martin Lane Fox, der während seiner inzwischen langen Laufbahn einen gewissen *understated*, aber qualitätsvollen englischen Gartenstil verbreitet hat. Ein Gentleman der alten Schule, der Welten entfernt von den poppigen oberflächlichen Fernseh-Gartengestaltern ist. Als Erster aber begrüßte uns der schwarze Labrador und dann Martin Lane Fox selbst. Lässig, ohne Allüren, mit einer Selbstsicherheit, die mit dem Erfolg kommt. Nach einem beiläufigen Danke, dass wir kommen konnten, galt die Einführung zuerst dem Verpflegungstechnischen, Afternoon Tea wird oben in der Brauerei serviert, aber bitte nicht alle gleichzeitig kommen. Dann verschwand die Organisatorin samt ihren Helfern.

Die Gruppe, die sich erstaunlicherweise nicht sofort in alle Himmelsrichtungen verteilt hatte, folgte ehrfürchtig Mr. Lane

Fox dem Wasserbecken entlang bis zum Ende der Achse. Hier, mit Blick auf das Haus, war ein würdiger Platz, uns allen etwas Hintergrundinformation zu geben. Das Herrenhaus vom Anfang des 17. Jahrhunderts sei eines der ältesten Backsteinhäuser in Dorset mit Spuren einer früheren Nutzung als Kloster, daher die Terrassierung hinter dem Haus. 1956 wurde das Anwesen mit 2500 Acres (620 Hektar) von »der alte Hexe« erworben – eine lockere Übersetzung von mir eines nicht unbedingt netten und gar nicht druckbaren Namens –, teilte Mr. Lane Fox mit, »aber so sagen wir alle«, und deutet links über die Weiden hoch. Sie, die nicht so damenhafte Dame, hatte große Pläne, die daraus bestanden, das Haus abzureißen und stattdessen einen Bungalow zu bauen. Der Aufruhr war groß, die Empörung noch größer, das Vorhaben war purer Vandalismus. Die Verwaltung der Grafschaft Dorset, die sonst nicht für schnelle Aktionen bekannt ist, nahm das Haus in Windeseile als Schutzklasse ersten Ranges in die Denkmalliste auf, gefolgt kurz darauf von einem Zwangserwerb des Hauses mit zirka 4 Hektar Land. Damit zog sich »die nicht so damenhafte Dame« zurück und ließ sich ihr Traumhaus, ein in Braun gehaltenes langgestrecktes Bauwerk, das eher in einen Meeres-Kurort gehört als nach Dorset, gegenüber am Waldrand errichten, wo sie heute noch residiert. Daher Mr. Lane Fox' Geste nach links. Für das Haus war die Geschichte noch lange nicht zu Ende. Das Nötigste wurde am Haus gerichtet, bis auch hier die Kosten und der Aufwand für die Verwaltung zu groß und das Anwesen schließlich verkauft wurde, nicht bevor es 1967 als Filmkulisse für die Verfilmung von Thomas Hardys *Far from the Madding Crowd* mit Julie Christie in der Hauptrolle genutzt wurde. Auch der nächste Besitzer hatte kein Glück, meldete Konkurs an, und so kam das Haus 1998 in Besitz von Martin Lane Fox. Aus der alten Dorset-Familie Pitt Rivers stammend, war er überrascht, bei Überprüfung der Dokumente festzustellen, dass seine Ahnen ursprünglich beim Bau des Hauses tätig waren. So schließt sich der Kreis. Wenn nur Steine reden könnten!

Jetzt aber galt unsere Aufmerksamkeit der Gartenanlage. Mr. Lane Fox würde uns bis zur ersten Terrasse begleiten, uns eine Route vorschlagen und uns dann freien Lauf lassen. Vorher aber die klärende Frage zu den ungewöhnlichen Alleebäumen. Nach langem Überlegen und der Suche nach kleinen kugelkronigen Bäumen, die als preisgünstige Alternative zu den üblich eingesetzten Steineichen *(Quercus ilex)* dienen könnten, fiel seine Wahl auf die Pinien, die bereits nach fünf Jahren eine angemessene Größe und Form hatten. Niemand wäre sonst auf diese Idee gekommen, aber trotz ihrer Mittelmeerheimat passten sie doch zum Gesamtkonzept. Inzwischen angekommen auf der ersten Terrasse, die sich um die Rückseite des Hauses schmiegte, wurde das Ausmaß des Gartens sichtbar. Gleich anschließend an das Haus war ein rechteckiger ummauerter Garten. Von hier stieg die erste Terrasse hoch, bestückt mit einem kleinen Bauwerk, gefolgt von der zweiten Terrasse, die dann scheinbar in den Wald überging.

Wir standen nun im Übergangsbereich, eine ansteigende Rasenfläche, die direkt auf den Wald zuführt, unser Blick gefesselt von einer Treppenflucht, scheinbar willkürlich platziert. Was Martin Lane Fox als Gestalter versteht, ist, Blicke und dadurch Perspektiven zu manipulieren, und hier in seinem eigenen Garten nutzte er die Chance zu experimentieren. Während andere es vielleicht überzogen hätten, herrscht hier ein Gleichgewicht von Auftakt und Blickfang, es wurde weder übertrieben noch so ernst eingesetzt, dass man das Gefühl hatte, einen Schaugarten zu besuchen. Auch die Details, wie beispielsweise die Begrünung der Treppenauftritte mit niedrigwachsenden kleinblättrigen Sträuchern, waren auffallend und Grund für Diskussionen.

Dabei ergab sich die Chance, vor der restlichen Gruppe den steilen Erdweg zum Hang zu besteigen, um den Waldgarten ohne Menschenpulk zu besichtigen. Dann zur Holzhütte, teils Ausguck, teils Hermitage* mit Blick nicht nur auf den Garten, sondern bis hin zum ummauerten Nutzgarten und der dahinterliegenden Kulturlandschaft. Wiederum ein Steilhang, diesmal zur oberen Terrasse und somit ein sofortiger Wechsel in Stil und Tempo und Beweis von Martin Lane Fox' gestalterischen Künsten. Grund der Veränderung war ein filigranes schmiedeeisernes doppelflügeliges Tor, das den Schritt über den englischen Rasen, gesäumt von Spalierlinden, automatisch verlangsamte. Edel, kontrolliert, eine einfachere Gestaltung wäre kaum möglich gewesen, aber die Wirkung auf die Stimmung und das Benehmen war erstaunlich. Weiter ging es eine schmale Treppe hinab zur darunterliegenden Terrasse, geradeaus in den kleinen Rosen-

---

* Bestandteil jedes englischen Landschaftsgartens. Selten mehr als eine einfache, rustikale Holzhütte, die früher gelegentlich von einem Dichter oder Philosoph bewohnt wurde, der eigens vom Besitzer engagiert wurde und neue Werke in der kontemplativen Umgebung verfasste. Diese Bereicherung der Landschaftsszene ist nicht vergleichbar mit einem Einsiedlerhof, der völlig von der Welt abgeschlossen ist, sich selbst versorgt und Kontakt mit der Außenwelt vermeidet. Bei einer »Hermitage« oder französisch »Ermitage« gehörte es zum guten Ton, den »Einsiedler« aufzusuchen, ihm Essbares zu bringen und aus den neuesten Aufsätzen vorgelesen zu bekommen.

garten und rechts zur »Brauerei«, ein Überbleibsel aus der Klosterzeit, leider nicht mehr in Betrieb, aber als gelegentlicher Tearoom umfunktioniert. Die Rosen, alte englische Sorten, waren schon am Verblühen und Kippen, was aber die Schönheit der Anlage als solche nicht beeinträchtigte, vielleicht weil sie nicht isoliert, sondern in Kombination mit dem Hintergrund gesehen wird. Zur Abwechslung wurde die Terrasse nicht wie üblich nur mit Kies bedeckt, sondern auch mit diagonallaufenden, sich überkreuzenden einzelnen Pflasterreihen überzogen. Dieses rautenförmige Muster verlieh dem Ganzen Gestalt und hob es vom Gewöhnlichen ab. Überraschend war auch die Bepflanzung des untersten Gartenteils, erst sichtbar aus diesem Blickwinkel, wo statt der üblichen formalen Parterrelösung ganz das Gegenteil zu sehen war.

Der Tee musste vorerst warten, es hieß ja sowieso, dass nicht alle gleichzeitig kommen sollten, und diesen Gartenraum zu sehen, ohne ihn mit vielen zu teilen, war mir wichtiger. Ob Experiment oder Absicht oder einfach beides, war dieser Garten wie kein anderer. Warm, geschützt und eindeutig zum Aufenthalt bestimmt, war hier mehr als ein Hauch Mittelmeerflair. Ich habe eine gewisse Allergie auf Kiesgärten, karg, trocken und einfallslos. Gedacht als pflegeleichte Alternative zu einem richtigen Garten, sind sie meistens alles andere als einladend. Da meine Nachbarin davon schwärmt und ich gezwungen bin, die volle Schönheit dieser Wüste, bestückt mit Kleinstpflanzen samt Vogeltränke tagtäglich zu sehen, ist meine Abneigung vielleicht verständlich. Was ich hier in Bloxworth House vorfand, war alles andere als öde und steril. Lebendig, dynamisch, überraschend schien es, als ob die Natur sich selbst überlassen war und nur gelegentlich von gefühlvoller eingreifender Hand gebändigt wurde. Die umlaufenden großen Natursteinplatten, eingefasst von einer schmalen Natursteinzeile, hielten zwar den Kies zurück, aber nicht den Bewuchs, der über den Belag schwappte und sich in den Ritzen aussäte. Wo früher Rasen oder Beete waren, befand sich nun Kies, erobert von allerlei, auch einem Blauregenbaum *(Paulownia tomentosa)*, der regelmäßig mit strengem Schnitt bis auf den Hauptast zurückgeschnitten wurde. Trockenheit und Üppigkeit gehen normalerweise nicht zusammen, aber hier haben sie zusammengefunden. Von oben hatte das Ganze etwas von einem Gobelin, nicht aus schweren, satten Farben wie ein Behang aus Nordeuropa, sondern hell und heiter, mehr wie ein Stoff aus Südfrankreich. Der Andrang zum Afternoon Tea hat sich gelegt, die Kuchenschau auf den provisorisch aufgestellten Tischen hat sich gelichtet, doch noch waren dicke, dunkle Schokoladenkuchen und butterbeschmierte Malzbrote zu haben. Der Tee schwarz und stark, ausgeschenkt in mitgebrachten Tassen und Untertassen, die Kuchenscheiben in Papierservietten eingewickelt, passte zum picknickartigen Ambiente. Auch der Hausherr kam in den Genuss der Erfrischung, nahm sich eine Scheibe Schokoladenkuchen und bekam den Rest, balancierend auf einem Pappteller, für die Enkelkinder, die in Bälde zur Teatime erscheinen würden.

Zuvor war die Rede von einem Schwimmbecken, jetzt ging es darum, es zu finden. Oben konnte es nicht sein, und den kleinen Gestalten und dem Gelächter nach konnte es nur in Richtung Hof sein. Allzuoft wirken Schwimmbecken deplatziert, blaue leuchtende Formen, die willkürlich in eine Fläche mehr oder weniger ohne Bezug eingebaut werden. Hier in einem Innenhof fiel der Pool überhaupt nicht auf, erst als eine der Figuren, jetzt im Badeanzug zur Nymphe transformiert, hineinsprang, wurde deutlich, dass die tiefgrauen, dunklen Gewässer des mittigen rechteckigen Wasserbeckens zum Schwimmen gedacht waren. Ein Löwenkopf spuckte Wasser ins Becken, und kombiniert mit den üppigen, großlaubigen Pflanzen, hat alles eine tropische und exotische Stimmung an sich, aber absolut wohnlich. Was hier wie auch im restlichen Garten bestach, war der überzeugende, individuelle, manchmal sogar unkonventionelle Umgang mit Gartendesign, das weder versuchte, große Kunst zu sein, noch übertriebene Opulenz darstellte. Hier war ein Garten, in dem man sich wohlfühlte, wo man wohnen konnte, eine zeitlose, aber trotzdem sehr englische Gartengestaltung.

Auch wenn die Organisatorin Cary Goode den Eindruck vermittelte, sich mehr Gedanken um die Verpflegung als um die Gärten zu machen, war es eindeutig ihr Verdienst, drei so unterschiedliche Gärten auszusuchen und noch dazu die Reihenfolge genau richtig zu treffen, auch wenn es logistisch nicht immer einfach war. Nach mehreren Jahren im Geschäft steigt sie jetzt aus. Sie hat Border Lines verkauft, will sich mehr um ihren eigenen Garten in Herefordshire kümmern, möchte selbst Gärten besuchen, statt hinter einem Ausschank oder Spülbecken zu stehen, und schließlich auch Zeit für ihr Bed & Breakfast in Sri Lanka haben. Mit ihrem Nachfolger James Bolton ist Border Lines* in guten Händen, denn auch er hat die leichte Hand, gute Kontakte und Sinn für das leibliche Wohl.

---

* www.border-lines.co.uk

*Der Garten als Bühne – Fête champêtre
bei Stourhead (wie zu Zeiten Ludwigs XIV.)*

Dass sich das gesellschaftliche Leben in England im Sommer im Freien abspielt, gehört wohl für den Ausländer zu einem der kuriosen Aspekte englischen Lebens. Von Wimbledon, Ascot zu Henley bis hin zu sämtlichen kleinen lokalen Veranstaltungen, alles findet draußen statt. Dabei ist das Wetter bekanntermaßen unbeständig, die Temperaturen schwanken, die Gefahr von Regen ist hoch, und trotzdem wird weiter geplant und gefeiert. Kein Wunder, dass das Wetter zum Gesprächspunkt Nummer eins gehört. Zu den Höhepunkten des Sommerkalenders gehören eindeutig die Abendveranstaltungen, die Konzerte, Opernfeste, wie in Smoking und Abendkleid in Glyndebourne, und Theatervorstellungen, wobei die Zuschauer in der Pause unter den Bäumen und durch den Park wandern, auf dem Gras picknicken und die Sommerfrische genießen. Solche Festivitäten sind nichts Neues und auch nicht nur den Engländern vorbehalten. Alles nach draußen zu verlagern und riesige imposante Inszenierungen zu veranstalten, war eine Lieblingsbeschäftigung vom französischen Hof unter Ludwig XIV. Wenn wir heute den Schlossgarten von Versailles mit Tausenden anderen teilen, tun wir nichts anderes als Ludwig XIV. damals. Die Wasserspiele,

Kanäle und seitlichen Gartenräume waren alle Komponenten einer riesigen Bühne, wo der Sonnenkönig, gefolgt von seinem Hof, von einem Ereignis zum nächsten eilte, eines war spektakulärer als das andere. Die Darsteller waren unter die Zuschauer gemischt, bezogen sie auch mit in das Spiel, so war man Zuschauer und Mitwirkender zugleich. Was Ludwig XIV. in der zweiten Hälfte des 17. Jahrhunderts auf grandiose Art machte, wurde von allen europäischen Höfen und vom Adel allgemein nachgeahmt. Im 18. Jahrhundert waren Fêtes champêtres, pastorale Festivitäten, die bis weit in die Abendstunden reichten, mit Musik, Kleinbühnen und Feuerwerk ein Muss, Verkleidung, Maskierung und Wasserspiele eine Option.

Als Andenken an diese Zeiten, als die Gärten und Parks mit Leben bis in die Nacht gefüllt waren, wurde 1979 die erste Fête champêtre in Stourhead Gardens an der Grenze zwischen Wiltshire, Dorset und Somerset ins Leben gerufen. Aus der ersten bescheidenen Veranstaltung mit 4000 Besuchern wurde über die Jahre eine 2-Tage-Extravaganz mit bis zu 10 000 Teilnehmern, würdig des Sonnenkönigs selber. Anfangs unter dem Thema »Ein romantischer Abend mit Musik, Flutlicht und Feuerwerk« gehalten, entwickelte sich die Fête champêtre über die Jahre zu einem themenbezogenen Fest, zu dem jeder aufgefordert wurde, sich entsprechend zu verkleiden, ein Picknick mitzubringen und die Darbietungen zu genießen. Familien und Freunde, scheinbar ganze Dörfer und Vereine nahmen an den Abenden teil, die inzwischen so beliebt und erfolgreich sind, dass das Fest, um den Garten zu schonen, nurmehr jedes zweite Jahr stattfindet.

Als wir das erste Mal 1998 daran teilnahmen, war es noch eine »kleine« Veranstaltung, etwas improvisiert, aber trotzdem hervorragend organisiert. Vorgewarnt von Fotos aus früheren Jahren und Erzählungen von Freunden ahnten wir, dass es ein besonderer Abend werden wird. Stourhead selbst kannten wir nur zu gut von unseren Winterspaziergängen dort. Aber sogar das konnte uns nicht auf die abendliche Stimmung vorbereiten. Dem Thema entsprechend angezogen, 1900 war dieses Mal an der Reihe, mit langen Kleidern und Strohhüten für mich und die Mädchen, mein Mann in gestreiftem Blazer und Stroh-»Boater«, den Picknickkorb gefüllt mit Leckerbissen, Decken und Kissen unter dem Arm und für alle Fälle einem Regenschirm, machten wir uns auf die kurze Fahrt nach Stourhead. Unser Aussehen und unser Auto passten einfach nicht zusammen, aber wir waren nicht allein auf dem temporären Parkplatz, der sich rasch mit Autos füllte. Es stiegen alle Variationen von viktorianischen und edwardianischen Figuren aus modernsten Gefährten. Ein paar wenige hatten die Einladung und das Thema strikt befolgt und sind im Oldtimer vorgefahren. Nicht nur das, sie hatten die der Epoche entsprechenden Requisiten, was man von der Masse nicht behaupten konnte. Das Sammelsurium von Einkaufs- und Leiterwägen, Sack- und Schubkarren, mit dem die Gäste ihre Utensilien im Garten weitertransportieren wollten, war beeindruckend. Es schien fast, als ob ganze Haushalte unterwegs waren, und der Anmarsch auf den Park glich einer Völkerwanderung. Mit unseren bescheidenen Körben kamen wir uns unterausgerüstet vor. Wussten die anderen etwas, was wir Erstlinge nicht ahnen konnten? Gab es Preise für die besten Kostüme und Installationen? Oder handelte es sich, wie sich später herausstellte, einfach um pure Begeisterung und Freude, in eine andere Epoche zu schlüpfen?

Obwohl das Abendprogramm erst ab 19 Uhr begann, hatten einige mit dem Bau ihrer Lager bereits nachmittags angefangen. Kleine Pavillons – ohne fest mit dem Boden verankert zu werden, dies war nämlich ausdrücklich verboten – wuchsen wie Pilze auf der Wiese, lange Tafeln, komplett mit weißen Leinentischdecken, Porzellanservice, glänzenden Weingläsern, silbernen Kerzenständern und dazu, etwas deplatziert, faltbare Campingstühle. Konzentriert auf die wenigen, meist etwas erhöhten ebenen Flächen, sah man von den Tischen direkt auf das Geschehen und auf das fast flächendeckende Meer von bunten Picknickdecken. Der Einfallsreichtum mancher Gäste war erstaunlich und bewundernswert, und wer bereits ein englisches Picknick miterleben durfte, weiß, dass mehr als nur Sandwiches angeboten werden. Pasteten, Salate, Gekochtes, ob Lachs, Schinken oder Roastbeef, gehören dazu, nebst allen Beilagen und natürlich Nachspeisen, am liebsten englische Erdbeeren mit Sahne oder Puddings wie »Trifle« (in Sherry getränkte Biskuits mit einer Lage Wackelpudding, oft mit Beerenobst bereichert, darauf Vanillepudding und als krönender Abschluss Schlagsahne). Dazu Wein und/oder Champagner in den speziellen Kühltaschen. Wo sonst als in England bekommt man Champagnerflaschen-Kühlbehälter gratis beim Einkauf im Supermarkt? Das Grillen war untersagt und wäre angesichts der Menschenmenge absolut unpraktisch gewesen – ganz abgesehen von der Brandgefahr, hätte man durch den Rauch nichts sehen können.

Nachdem wir einen Platz am Rande des Sees mit Blick sowohl zum Flora-Tempel als auch zum Herkules-Tempel gefunden hatten, breiteten wir unsere Decken aus und nahmen den ersten von vielen kleinen Imbissen zu uns, natürlich auf Porzellantellern mit richtigem Besteck und mit Stoffservietten. Plastik und Styropor gehören einfach nicht zum guten Ton. Trotz der Masse war es erstaunlich ruhig, jeder wusste sich zu benehmen. Sicherlich war auch die ungewöhnliche Kleidung hierfür ein Grund, in der man automatisch nicht nur aufrechter und gerader saß, sondern sich auch damenhafter und gentlemanlike benahm. Auch die Kinder schlüpften selbstverständlich in ihre Rolle, manche Gruppen sahen aus, als ob sie aus einem Familienporträt des 19. Jahrhunderts entsprungen wären. Für die allgemeine Unterhaltung waren themenentsprechende Schaubuden errichtet, eine »Penny-Arkade«, wo man neues Geld gegen alte große Penny-Münzen eintauschen und die alte Maschine spielen konnte: »Roll den Penny«, »Kipp die Penny-Schachtel« und den Penny-Film, Urlaubsfotos von anno dazumal. Harmlose, lustige Familienunterhaltung für jedermann. Mit der Dämmerung kamen die Lichter, anfangs nur vereinzelt, dann wie Glühwürmchen, immer mehr tanzende Punkte im Garten zwischen den dunklen Massen der Bäume. Kerzen und Fackeln, ergänzt mit neuzeitlichen Neonbändern – mehr in Rockkonzerten als auf historischen Abenden zu Hause, aber eine gute Methode, die Kinder im Blick zu haben –, brachten eine besondere, fast magische Stimmung.

Ergänzend zu den mitgebrachten Lichtern gab es eine dezente Spotbeleuchtung an den Bäumen und Bauten: ein Hell-Dunkel-Spiel, das dem Garten ein völlig neues Aussehen gab. In diesem Teil von Südwestengland, fern von den Großstädten, ist der Nachthimmel nicht von Lichtverschmutzung beeinträchtigt, hier funkeln noch die Sterne. Auf fast magische Weise vergrößerte sich der Garten, die einzelnen Blickpunkte wurden isoliert und wirkten wie eine Kette von einzelnen Bühnen. Konzipiert vom Gründer des Gartens, Henry Hoare II., im 18. Jahrhundert als kontemplative Refugien, die sich in die Gartenkulisse schmiegten, wurden sie nunmehr zum Mittelpunkt. Hier wurden die musikalischen Darbietungen vorgebracht, oft von wandernden Musikanten, die kurz Platz nahmen, bevor sie zum nächsten gingen. Vom ganzen Abend kann ich mich kaum an die Musik erinnern – an die Stimmung und das Licht wie auch das beeindruckende Feuerwerkspektakel, das den Landschaftsgarten nach oben öffnete und eine neue spannende Dimension gab, aber schon. Beeindruckend, intim und magisch trotz der Menschenmenge, die scheinbar mit dem Hintergrund verschmolz, erlebte ich den Garten wie nie zuvor.

Die improvisierte Art der ersten Veranstaltungen mit dem Minimum an Infrastruktur wurde inzwischen durch ein bis ins Detail organisiertes Event samt aufwändigen Bühnen, mehr für ein Rockkonzert geeignet, ersetzt. Stammbesucher äußerten die Bedenken, dass der Garten und somit die wahre Kulisse in den Hintergrund gedrängt würde, als ob sie selbst nicht ausreichen würde. Gesundheits- und Sicherheitsbestimmungen, die in England stets sehr ernst genommen werden und sämtliche Facetten des öffentlichen Lebens erfassen, drohten auch die Veranstaltung zu »sanieren«. Nach dem verregneten Frühsommer von 2008 wurde die geplante grandiose Fête champêtre abgesagt, der Head Gardener hatte einfach Bedenken, dass die notwendigen Kräne und Baufahrzeuge für die technischen Einrichtungen den Boden und somit den Garten ruinieren würden. Als Ersatz wurden Karteninhaber eingeladen, ein Picknick im Garten zu machen und das Feuerwerk zu genießen. Auch ohne Musik, Theater und

Gaukler wurde der Abend einen Riesenerfolg, für viele noch besser als in den Vorjahren. Man verkleidete sich, Abendkleider und Smokings wurden getragen, wie auch andere seltsame Kostüme; man genoss den einzigartigen Garten und merkte sich den Termin für 2010 vor.

Afternoon Tea mit Kay bei Castle Howard

Afternoon Tea ist eine britische Tradition, weltweit exportiert und oft nachgeahmt. Tea im Ritz in London mit begleitendem Pianospiel, aber Herren bitte mit Jacke und Krawatte, welcher Londonbesucher hat dies nicht auf der Wunschliste? Ich persönlich bevorzuge Browns in Dover Street, wenige Schritte von Piccadilly. Seitdem sie mir, meinem Begleiter und unseren Bergen von Plastiktüten, die den Boden des Londoner Taxis komplett bedeckten, trotz etwas arbeitsmäßiger Bekleidung anstandslos Einlass gewährten, steht das Hotel bei mir hoch im Kurs. Wir kamen verfroren, leicht durchnässt und übermüdet vom Pressetag der Chelsea Flower Show und wollten uns etwas Gutes tun. Hinter dem mit unseren Tüten schwerbeladenen Türpförtner marschierend, machte niemand eine Bemerkung über unser Aussehen: Ich, bekleidet in dunkelblauer Militärregenjacke meines Mannes, aber ohne Epauletten, schwarzer Hose, in Dubarrystiefel eingesteckt, Hermèstuch um den Hals, mein Begleiter, damals Chefredakteur von *GartenEden*, mit Regenjacke, Kordhosen, aber dazu exquisiten Cowboystiefeln. Nachträglich fiel mir ein, dass wahrscheinlich unser Schuhwerk uns den Eintritt verschafft hat und vielleicht auch der Hang der Briten für

Exzentriker. Aufgeräumt in einer Ecke des gemütlichen, nach Gentlemen's-Club-Art eingerichteten Empfangsraums, am offenen Kamin, zelebrierten wir die Wärme und Ruhe mit einem »Champagne Afternoon Tea«. Wie der Afternoon Tea zustande kam und warum er immer noch so beliebt ist, bleibt für viele ein Rätsel. Eines steht fest, es ist das Gegenstück zum hektischen Lebensstil und gesunden Essen, denn Grundvoraussetzung für den Genuss sind Zeit und Appetit. Wer gerade Diät macht, braucht nicht einmal daran zu denken teilzunehmen, es ist die reinste Kalorienbombe.

Immer offen für neue Erlebnisse, besonders die, die mir den traditionellen englischen Lebensstil näher bringen, hatte ich meine Gartengruppe bei einer Englandrundreise mit der *MS Deutschland* zum Afternoon Tea in Castle Howard* angemeldet. Castle Howard bei York in North Yorkshire ist groß, exzeptionell und faszinierend. Ein Castle, das überhaupt keines ist, ohne den geringsten Hauch von etwas Burgmäßigem, sondern ein Palast, genauso ausgefallen und einmalig wie der 3. Earl of Carlisle, der es 1700 erbauen ließ. Noch im Besitz der Familie Howard, versucht sie durch ein ausgesuchtes Themenangebot vom Kunsthistorischen bis zum Gärtnerischen und Kulinarischen, Besucher nach Castle Howard zu locken. Voll im Einklang mit der einmaligen Architektur, Landschaft und erlesenen Kunstsammlung bringen diese Führungen das Gesamtkunstwerk zum Leben. Zwei Führungen haben mich fasziniert: der Mausoleumspaziergang und der viktorianische Etiketten-Tee. Warum nicht beides kombinieren und den Tee als Belohnung nach dem Marsch in

---

* Castle Howard, York YO60 7DA, www.castlehoward.co.uk

Anspruch nehmen? Bei der Frage, was es wohl zum Tee zu essen gibt, wurde klar, dass kaum ein moderner Mensch in der Lage wäre, das Sortiment an Kuchen und Süßem als Zwischenmahlzeit zu sich zu nehmen. Also beschloss ich, Mittagessen durch Afternoon Tea zu ersetzen. Unüblich, aber machbar.

Was angeboten wurde, übertraf alle Erwartungen, angefangen beim Raum. Während die Besucher sich in den restlichen öffentlichen Räumen drängten, herrschte in der griechischen Halle Ruhe. Ich hatte dieses Zimmer auf Empfehlung von Alison, der liebenswürdigen und kompetenten Gruppenmanagerin, reserviert, ohne Näheres zu wissen noch zu fragen. Nun hatten wir nicht nur Ruhe und Platz, sondern auch Ambiente. Die Ängste, zwischen Marmorplastiken von griechischen Göttern und Kämpfern zu speisen, erwiesen sich als ungerechtfertigt, das einzige Griechische beziehungsweise Klassizistische waren die Säulen. Ein runder gedeckter Tisch stand mitten in dem großen quadratischen, von Naturstein geprägten Zimmer, daneben eine dünne, fremd wirkende Gestalt, ganz in Schwarz gekleidet. Kay, Teilzeitschauspielerin und Führerin besonderer Art, stellte sich vor, sie würde uns in die feinen Künste des Afternoon Tea einweisen und bat uns, Platz zu nehmen. In ihrer Erscheinung nahm sie die Rolle der Haushälterin an, einer (fast) alles wissenden Person, die Geschichten vom Leben auf der Beletage und im Dienstbotentrakt erzählen konnte und stets über der Sache stand. Noch war außer einer interessanten Ansammlung von Besteck und Tellern nichts auf dem Tisch. Wir nahmen Platz auf gepolsterten Stühlen mit hohen Rückenlehnen, die das aufrechte Sitzen geradezu erforderten, und wie Kinder beim ersten großen Erwachsenenessen warteten wir, wie es weiterging. Zu allererst kamen Silberteekannen, paarweise, eine mit heißem Wasser und eine ohne Inhalt, dazu eine Teedose mit Teelöffel.

Jetzt ging es los. Wir rochen an dem Tee, ein Afternoon Darjeeling von Taylors* aus Harrogate, in Feinschmeckerkreisen als »der Champagner der Tees« bezeichnet. Feinduftend mit wunderschönen großen, leicht eingerollten Blättern, geerntet in Teegärten auf 750 bis 1000 Metern Höhe in Westbengalen, Indien, im Vorgebirge des Himalaja. Nach Anweisung von Kay kamen in jede Kanne sechs gehäufte Teelöffel und darauf das heiße, aber nicht kochende Wasser. Die ideale Temperatur soll zwischen 95 und 98 °C sein, für den Hausgebrauch die normale Abkühlungszeit vom Wasserkocher in der Küche bis zur Kanne im Wohnzimmer. Gerade in Teekreisen in Deutschland wird viel Tamtam über die Art und Dauer des Ziehens gemacht. Hier in Castle Howard geht es nach Gefühl ohne Teeuhr. Während der Tee zog (es waren etwa fünf Minuten, da wir Milch dazu nahmen – wenige pur oder mit Zitrone), bekamen wir als Erstes warme »toasted teacakes«, mit Butter bestrichen, ähnlich der Milchbrötchen mit Rosinen. Etwas Süßes zum Anfang? Naja, es ist eben England. Die »Teekuchen« wurden ursprünglich von der Kammerzofe oder Hausherrin selbst am offenen Feuer getoastet, um die Zeit, bis der Tee fertig war, zu überbrücken und den »Heißhunger« zu stillen. Zwischenzeitlich hat sich der Tisch mit beladenen Tellern gefüllt, bis kaum etwas von der Tischdecke zu sehen war. Der Tee, dunkelbraun und aromatisch, war fertig und konnte direkt in die Teetassen ausgeschenkt werden. Zur Aufklärung der Frage, was zuerst eingeschenkt wird, die Milch oder der

---
* www.taylorsofharrogate.co.uk

Tee, erklärte Kay, dass in wohlhabenden Haushalten gerade als Zeichen ihres Reichtums der Tee zuerst eingegossen wurde. Man konnte sich leisten, neue Porzellantassen zu kaufen, sollte eine davon springen. Denn, und hier waren wir bei dem Kern der Sache, Afternoon Tea war eine rein gesellschaftliche Angelegenheit, eine Möglichkeit, seinen Status zu zeigen und andere unter die Lupe zu nehmen.

Endlich kamen die Sandwiches an die Reihe, und während die kleinen, wie Pyramiden aufgestellten Dreiecke herumgereicht wurden, erklärte Kay die Ursprünge des Afternoon Tea. Es hing mit den Sitzungszeiten des englischen Parlaments zusammen, die nachmittags bis 19 Uhr, manchmal auch länger tagten. Während dieser Zeit hatten die Ehefrauen der Abgeordneten, insbesondere die vom Oberhaus, in dem der Adel saß, wenig Beschäftigung, also traf man sich, und da gerade Tee Mode wurde, bot man das neuartige Getränk an. Kaffeehäuser, eindeutig Herrensache, verqualmt mit Rauch, Geschäftemacherei und Politik, gab es schon länger, aber Tee war etwas für den feinen Salon und den Nachmittag. Die Erweiterung zur Zwischenmahlzeit kam im Jahre 1840 auf, als Anna, 7. Duchess of Bedford, unter einem Schwächeanfall leidend, ihren Butler um ein »sweatbread« zum Tee bat. Schnell wurde die Kombination von Getränk und Kleinspeisen zur Mode, und so war der Afternoon Tea geboren.

Zurück zu unserem Essensangebot und den Sandwiches, benannt nach J. Montagu, dem 4. Earl of Sandwich, der 1762 erstmals ein Stück Fleisch zwischen zwei Scheiben Brot legen ließ. Aus der Schnellmahlzeit, er war Oberhaupt der Britischen Marine und Entdecker, wurde kaum 100 Jahre später ein Ritual mit strikten Regeln zu Brotsorte, Inhalt und Präsentation.

Ob weiß oder braun, es wird immer Kastenbrot verwendet, die Brotkruste, nachdem das Sandwich zusammengeklappt ist, immer abgeschnitten und diagonal geviertelt, um Dreiecke zu bilden. Diese können leicht mit der Hand in eleganter Weise verzehrt werden, und da ohne Kruste, wurden das Gebiss oder die noch verbleibenden Zähne nicht zu sehr belastet. Lang erprobte und akzeptierte Kombination für die Füllung sind »cucumber«, Stangengurke, korrekterweise ohne Schale, dünn geschnitten auf Weißbrot, »ham«, gekochter Schinken auf Weißbrot, »egg and cress«, zerdrückte hartgekochte Eier mit Kresse ebenso auf Weißbrot (man kann mich damit jagen, was meine Schwiegermutter, die diese leidenschaftlich gern aß, auch tat), Lachs, hier ist »salmon paste« gemeint (kleine Gläser pürierter Lachspastete von der Konsistenz feiner Kalbsleberwurst, in allen britischen Supermärkten erhältlich, aber auf dem Festland Europa absolut unbekannt), auf Braunbrot, und »cheese and chutney«, Scheiben von Cheddarkäse mit einem Chutney, entweder selbst gemacht oder Bransons Pickle. Parallel zu Kays Erklärungen wurden die Teetassen aufgefüllt, heißes Wasser in die Kanne aufgegossen und ein System von: frisch, gut zum Ausschenken und aufgebraucht eingeführt – mit drei Paar Kannen leicht möglich.

Als Nächstes kamen die »Scones« an die Reihe. Bekannt weltweit als Hauptzutat von »Cream Tea«, sind diese Mürbteigbrötchen, gerollt aus gekneteten Teig, mit runden Formen ausgestochen, am besten, wenn frisch gebacken, aber abgekühlt. Ganz zum Thema des gesellschaftlichen Niveaus gibt es immer wieder Streit um die Aussprache von »Scone«. In vornehmen Kreisen, und daher korrekt, sagt man *skown*, Mehrzahl *skownz*, wobei das O musikalisch nach oben betont wird, ausgesprochen wie bei »own«, und nicht *skon*, hier wird das O tiefer im Klang und flacher ausgesprochen. Halbiert serviert mit einer Lage Erdbeermarmelade und gekrönt mit einem Häubchen dickster »clotted cream« (erhitze Sahne, wobei die Flüssigkeit verdunstet), ist der Verzehr alles andere als fein, auch wenn in kleine Stücke geschnitten, hier kamen das Messer und der kleine Seitenteller in Gebrauch. Die Art des Servierens ist genauso umstritten wie die Aussprache. Ich bevorzuge, die Sahne zuerst zu schmieren und die Erdbeermarmelade zum Schluss zuzugeben, was meine sehr englisch erzogenen Töchter nicht verstehen können.

Momentan wurde die Unterhaltung unterbrochen, da alle mit ihren Scones beschäftigt waren, und mit vollem Mund redet man nicht. Kay aber erzählte uns etwas über das Haus und den Raum, in dem wir uns befanden, bevor sie wieder zum Thema Afternoon Tea zurückkehrte. Wir seien fast am Ende unseres Tees, es blieb nur die *pièce de résistance*, der Victoria-Sandwich-Cake. Wie zwei runde Rührteige, übereinandergeklappt und durch eine Lage Himbeermarmelade zusammengehalten, war es Königin Victorias Lieblingskuchen. Einfach, nach Rezept von Kay, mit dem gleichen Gewicht Eier, Butter, Zucker und Mehl (mit Backpulver) zusammengerührt und gebacken. Das Resultat ist absolut sättigend. Mit so viel Süßem in uns war es Zeit für Bewegung und zu bewundern, wie die Herrschaften das vormals bewältigen konnten. Aber wie Kay erklärte, war die Steigerung der »High Tea«, wie er in Schottland immer noch praktiziert wird. Angeboten wird alles, was wir bereits verzehrt hatten, aber mit zusätzlich einem heißen Gang, etwa »Kippers« (geräucherte Heringe), geräucherter Haddock oder Gammon (eine Scheibe dick geschnittener, meist gegrillter Schinken). Daran konnte ich mich noch gut erinnern. Nur zu besonderen Anlässen machte meine Familie beim Verwandtenbesuch in Schottland einen Spätsonntagnachmittags-Ausflug nach Perth mit Tante Jessie und Onkel Johnnie, um »High Tea« bei Windsor Tea Rooms, St. John Street, zu nehmen. Hier glitten Bedienungen, gekleidet wie in den besten Landhäusern mit weißen gestärkten Häubchen, die sie wie eine Tiara auf dem Kopf balancierten, und passenden Schürzen, um die eng an eng stehenden runden Tische. Weiß, viel Silbriges, Familien im Sonntagsgewand und eine zarte Duftnote von geräuchertem Fisch, wie auch hinterher das »Ich bin so satt, ich mag kein Blatt«-Gefühl, sind die prägenden Erinnerungen aus dieser Zeit.

Während »Afternoon Tea« zwischen 15 und 17 Uhr stattfindet, fängt »High Tea« ab 17 Uhr an – oder 5:00 pm, wie es auf den Inseln genannt wird. Nicht nur die Uhrzeiten, sondern auch wie die Mahlzeiten benannt werden, ist eine besondere englische Angelegenheit und führt oft zu Verwirrung. Breakfast ist immer Breakfast, aber dann scheiden sich die gesellschaftlichen Schichten. Was in vornehmen und gehobenen Sozialschichten wie auch in Hotels und Restaurants als »Lunch«, die Abkürzung für »Luncheon«, als Mittagessen benannt ist, steht unter der Bezeichnung »Dinner« in anderen Kreisen. »Tea« ist dann Abendbrot, oft um 18 Uhr, gefolgt manchmal spätabends von »Supper«. Wer aber »Lunch« sagt, nimmt »Dinner« in der Regel ab 19.30 Uhr oder, wenn es informell zugeht, »Supper« als Abendessen.

Für Uneingeweihte kann die Einladung zum »Tea« Schwierigkeiten mit sich bringen, man glaubt Tee zu trinken und bekommt eine volle Mahlzeit vorgesetzt. Am Ende von Kays Erläuterung kam dann die brennende Frage: »Wie legt man eine Serviette nach Gebrauch hin?« Keinesfalls zusammengefaltet, kam Kays rasche Antwort. Denn waren die Bediensteten faul, konnten sie die gefaltete Serviette einfach glätten und nochmals verwenden, eine ordentlich zerknitterte dagegen musste gewaschen und gebügelt werden. Wer hätte gedacht, dass ein Essen so lehrreich sein konnte? Nach unserem »Victorian Etiquette Tea« waren wir geistig und physisch satt, bepackt mit Informationen und Anekdoten, und wussten endlich die Antwort auf die Frage, weshalb »Afternoon Tea«.

Bei der Queen zum Tee –
ein Besuch im Garten von Buckingham Palace

Einst Tradition eines jeden Dorfs, ist die Gartenparty am Aussterben. Ob auf Einladung des örtlichen Landbesitzers oder Pfarrers, war dieses Fest eine Chance für die Damen, ihre schönen Sommerkleider mit passenden Strohhüten anzuziehen, bei den Herren waren es Blazer, Boater oder Panamahut und Chinos. Mittelpunkt war der Afternoon Tea, serviert unter Markisen. Die Kulisse bot der Garten, in den man auch eingeladen war, um spazieren zu gehen. Inzwischen sind solche Szenen nur in Filmen zu sehen, kaum einer lädt mehr ein.

Eine Ausnahme ist die Königin, denn ihre Vorfahren haben diese Tradition mehr oder weniger ins Leben gerufen. Königin Victoria machte das Teehaus im Garten zum Muss, brachte diese Zeremonie in den Garten und verband das Grüne mit dem Kulinarischen. 1860 veranstaltete sie ihre erste Gartenparty im 16,2 Hektar großen Garten von Buckingham Palace und begründete damit eine Tradition. Eine Einladung zur Royal Garden Party ist mit Recht heißbegehrt. Hier ist man wirklich an der Quelle, was Tradition und beispielhafte Organisation angeht. Die Gartenparty wird mehrmals im Sommer, hauptsächlich im Juli abgehalten. Mehrere hundert, sogar tausend Personen werden jeweils eingeladen und bei allen ist die Königin höflich, strahlend und mit ihrer leuchtenden Bekleidung sogar aus der Ferne gut erkennbar: kurzärmliges Kleid mit passender Jacke, Hut, der das Gesicht nicht verdeckt, Handschuhe, Handtasche und »Court«-Schuhe, alles farblich abgestimmt, dezent, aber von feiner Qualität. Ähnlich wie bei der Frage, »Was trägt ein Schotte unter dem Schottenrock«, rätselt man darüber, was die Queen wohl in ihrer Handtasche hat? Ein Taschentuch? Von dem Moment an, wo die auf schwerem Papier gedruckte, aber persönlich mit schwarzer Tinte adressierte Einladung vom Amt des Lord Chamberlain in den Briefkasten flattert, bis zum Verlassen des Gartens von Buckingham Palace, ist alles perfekt und beispielhaft organisiert. Alles läuft nach einem vorgeschriebenen, bewährten Ritual. Die Uhrzeit wie auch die Kleiderordnung ist vorgegeben (Hutvorschrift für die Damen, keinesfalls Hosen, Uniform, Lounge Suits – dunkle Anzüge – oder Landestracht für die Herren. Kurze Röcke, Schulterfreies und Ärmelloses absolut »no-no«), Parkschein für The Mall mit zugewiesener Parkzone ist beigelegt und das Eingangstor angegeben.

Ab dem Zeitpunkt, wenn man unter den Bäumen in The Mall parken darf, statt von gewissenhaften, aber höflichen Polizisten weggeschickt zu werden, nimmt alles einen surrealistischen Ton an. Bekannte und vertraute Ecken Londons erscheinen in einem anderen Licht, denn man ist nicht mehr Zuschauer, sondern Darsteller. Plötzlich werden die Zusammenhänge zwischen St. James Park, dem Vorgarten, The Mall, Parkplatz und zugleich Zufahrt, sowie dem Garten von Buckingham Palace, dem Privatgrün, deutlich. Das mächtige Bauwerk sitzt nicht mehr am Rande, sondern mittig im Grünen. Etwas, das man während des obligatorischen Schlangestehens zur Genüge studieren kann. Nur gut, dass die Engländer so geübt sind. Wie bei der Arche Noah geht es zwei zu zwei, scheinbar kilometerlang. Alles wird mit Engelsgeduld ertragen, eine Chance, neue Bekanntschaften zu schließen, die Kleider zu begutachten und als Statist für die Besuchermassen zu dienen. Man erfährt, woher die in der Schlange stehenden Nachbarn kommen, warum sie eingeladen wurden, Bürgermeister, Schullotsen oder andere Uniformierte aus den Ministerien.

Dann ist man endlich drinnen. Durch das Tor, vorbei an dem prächtigen Gitter, über den Vorplatz, durch den Torbogen in den Innenhof, wo es mit dem In-der-Schlange-Stehen weitergeht. Für Architekturfans ist es ein Genuss, den Buckingham Palace aus dieser Perspektive zu sehen. Die klassisch inspirierte Architektur, die von vorn etwas monumental, sogar kühl wirkt, ist verblüffend gut proportioniert und vom Innenhof aus symmetrisch. Langsam rückt man vorwärts, die breiten Natursteinstufen hoch, die Einladung schon wieder vorzeigend, an den Dienern vorbei, als wäre es nicht offensichtlich genug, warum mein Mann am helllichten Tag in Uniform herumstolziert und ich mit gelbem Kleid, passendem Hut (schwarzgelbe Kreation einer begabten, aber leider inzwischen verstorbenen Modistin, Ilse Heindl aus München) herausgeputzt war. Flüchtige Blicke nach rechts und links in die langen roten und goldenen versaillesmäßigen Gänge werfend, standen wir in einem hohen, hellen Raum vor einem offenen, leicht gewölbten, bis zum Boden reichenden Fenster mit einem atemberaubenden Blick ins Grüne. Es war, als wäre man plötzlich aufs Land verpflanzt.

Hinter der weitläufigen Rasenfläche, die sich allmählich mit

Gestalten füllte, bis es zu einem bunten, aber gediegenen Wimmeln wurde, stand ein dichter »Wald« mächtiger Bäume. Zu beiden Seiten des Rasens waren die Pavillons wie ein Zeltlager aus mittelalterlichen Zeiten aufgereiht und genau wie das Personal formal, strahlend, einladend und korrekt. Links für die Teatime-Gäste, rechts für die Auserwählten, die auch in eigenen, durch weiße Bänder markierten Kuppeln, zusammengefasst waren. Im inneren Kreis warteten sie darauf, der Königin oder anderen Mitgliedern des königlichen Hauses vorgestellt zu werden, und bekamen gesonderte Anweisungen, was Knicksen und Anrede anging.

Was mich interessierte, war der Garten selbst. Statt zielstrebig ins Teezelt zu eilen, marschierten wir über den Rasen auf den Teich und den Rundweg zu. Ob die Tausenden von Stöckelschuhen und dergleichen dem Rasen geschadet haben? Scheinbar nicht allzu sehr, denn nach den drei Gartenpartys im Juli hatte die Fläche ausreichend Zeit, sich zu erholen, und vielleicht wurde das Traktieren als eine Art Rasenlüftung genutzt. Ich jedenfalls hinterließ mit meinen Stöckelschuhen lauter regelmäßige Durchlüftungslöcher. Im Parkstil gehalten, war der Garten verblüffend einfach, eine ruhige Version von St. James Park, mit weniger Sommerflor und noch weniger Enten. Der nierenförmige See im englischen Landschaftsstil war an drei Seiten von Bewuchs eingefasst, der Spazierweg führte an blühenden Gehölzen vorbei, nur der ewige Verkehrslärm im Hintergrund erinnerte daran, dass man mitten in London war. Seitlich in der Richtung von Hyde Park war der kleine Rosengarten der Königinmutter, die wie in all ihren Palästen und Burgen ihre Vorliebe für T-Hybriden und Farben, vor allem Altrosa, zeigte. Hier, in

Pflanzinseln, ausgehend von einem kleinen weißen, mit *Wisteria* berankten Pavillon, strahlten die Rosen, unter anderem 'Tickled Pink', 'Gracious Queen', 'Bright Smile', aber auch 'Gruß an Aachen' und 'Savoy Hotel'. Mehr als die schönen Blüten, sagten allein die Namen sehr viel aus.

Umrahmt von Pflanzbeeten, die sich wie Blütenblätter arrangierten, lag der Tennisplatz an Rande des Gartens. Die feinen Kieswege waren beispielhaft gepflegt, wie in einem Zen-Garten waren die Spuren des Rechens trotz der vielen Besucher noch sichtbar. Der Garten aber hatte keine richtige Persönlichkeit, was eigentlich nicht verwunderlich ist. Wie jeder Botschaftsgarten hatte auch Buckingham Palace etwas Nüchternes, Neutrales, gut gepflegt als Kulisse für Veranstaltungen, aber ohne Seele. Der Palast ist zwar ein Zuhause, aber in erster Linie Arbeitsstätte, und es ist nicht erstaunlich, dass Prinz Charles seine Gartenwünsche außerhalb der »Firma« entwickelt hat.

Ist der Rundgang der Königin angesagt, wird die Gartenbesichtigung schnell abgebrochen, man sammelt sich, der Weg wird flankiert, man schaut in angemessenem Abstand zu. Und Elisabeth II., gefolgt von ihrem Hofstaat, begrüßt zur Musik der Militärkapelle ihre Gäste. Sogar Skeptiker der Monarchie bewundern die Arbeitsethik der Königin. Sie dann quasi in Aktion zu sehen, ist nur eine Bestätigung ihrer Ausdauer und ihres Pflichtbewusstseins. Die Formalitäten sind zu Ende, und es ist Zeit, das Teezelt aufzusuchen. Nach feiner Tradition nimmt man Tee in Porzellantassen samt Untertasse, vorsichtig balancierend, denn die unzähligen Sitzplätze an den Teetischen sind von Gästen, die scheinbar Wurzeln geschlagen haben, besetzt. Es werden feine delikate dreieckige Sandwiches aus Weiß- und Brauntoast, selbstverständlich ohne Rinde, belegt mit Gurke (stets ohne Schale und hauchdünn), Lachspastete und gekochtem Schinken, Petit Fours wie auch andere Kuchen vom Feinsten von Dienern mit weißen makellosen Handschuhen zur Musik der Kapelle gereicht. Man trifft sich, unterhält sich, bewundert den Rasen, der wirklich vorbildlich ohne jegliches Gänseblümchen ist und schätzt sich glücklich, einen Teil der englischen Kultur erlebt zu haben.

Einmal so ein Ereignis zu genießen ist außergewöhnlich, zwei Mal ist exzeptionell. Zehn Jahre waren seit meinem ersten Besuch in Buckingham Palace vergangen, und wenig hatte sich verändert. Der Garten war unverändert und strahlte eine Ruhe und Gelassenheit aus, die mir erst jetzt bewusst wurde. Das lang gestreckte Blumenbeet vor der Baumkulisse, gefüllt mit Rittersporn, Lilien, punktiert mit Sommerflieder und sämtlichen Sommerblumen, hätte auf dem Land sein können und war noch schöner als damals. Die mächtigen Platanen und der schichtweise Aufbau der Ziergehölze um den See waren raffinierter und gekonnter, als ich es in Erinnerung hatte. Es herrschte nach wie vor Foto-, Film- und Handy-Verbot, etwas, das nur weiter zur vornehmen Atmosphäre beitrug.

Was sich geändert hatte, war die Kleiderordnung. Hosenanzüge für Damen waren erlaubt, auch Schulterfreies, was dazu führte, dass manche weiblichen Gäste so aussahen, als seien sie Statistinnen beim Film *Sex and the City* und hätten Teatime mit Cocktailtime verwechselt. Auch im Teezelt gab es Veränderungen. Man stellte sich an, um Tee und Leckerbissen auszuwählen. Hierfür gab es eine spezielle Vorrichtung, nämlich eine übergroße, längliche Untertasse, die gleichzeitig als Teller diente und an einem Ende mit einer Aussparung für die Tasse versehen war. Nun tauchte die Frage auf, sollte man mehrmals zum Büfett gehen oder Teller/Untertasse vollhäufeln? Manieren gewannen über Gier, man gab sich mit wenigem zufrieden und genoss den Moment. Wer weiß, ob er überhaupt noch einmal kommen wird?

Eine Hommage an den besten Tea Room –
Hadspen Garden, wie er einmal war

Der Sonntagnachmittag im Sommer und Frühherbst war immer die Zeit für Afternoon Tea in Hadspen Garden. Nicht, dass der Garten allein nicht Grund genug war, dort hinzufahren, aber es war das Tea House, das meine Familie anzog. Ich hatte es bereits kurz nach unserem Umzug nach England entdeckt, als ich unsere große Münchener Wohnung gegen ein Haus, Stadt gegen Land, Deutschland gegen England und allein erziehende Mutter gegen Ehefrau eintauschte und unter Entzugserscheinungen litt. Nach einer Tasse Tee und einem Stück Kuchen, umrahmt von Pflanzen, war alles gar nicht mehr so schlimm. So wurde Hadspen Garden zum Zufluchtsort für mich.

Während andere Gärten hauptsächlich von älteren Ehepaaren besucht wurden, war Hadspen von Familien und dadurch mit Leben gefüllt. Von Kindern, sogar Babys mit ihren Eltern, die ganz sachte mit dem Blühenden und Blattwerk umgingen, Großfamilien, die alle einen Ausflug dorthin unternahmen und an den großen, oft sehr wackligen Holztischen Pause machten. Richtige Fentimans-Victorian-Limonade für die Kinder, Darjeeling oder Earl Grey, sogar Pfefferminztee oder guter echter Kaffee aus der Gaggia-Maschine und dazu hausgemachte Kuchen:

Dorset-Apfelkuchen, Treacle Tart, süß und gelb, und Brownies. Cream Tea war ein Genuss, richtige hausgemachte Marmelade, dicke, zum Löffelhineinstecken, feste gelbe Sahne und Scones. War es kühl oder regnerisch, saß man bei offenem Kamin auf einer der zwei Holzbänke im winzigen Gartenhaus, wo es gerade Platz für acht zusammengequetschte Gäste gab. Gemütlich, urig, oft feucht, absolut stimmungsvoll, der Boden uneben, das hohe Zimmer bis unter die Dachbalken offen, mit der ordentlichen, sauberen Miniküche in der Ecke, gehörte es für mich zu einem der schönsten Orte überhaupt. Klassische Musik spielte leise im Hintergrund und irgendwie verbannte es die Nässe und Kälte.

Bei trockener Witterung verteilte man sich im Freien in den Tea-Room-Garten, etwas abseits vom Haus. Jeder trug seine Tassen, Untertassen, Teekannen und Kuchenteller vorsichtig balancierend auf Tabletts die Stufen hoch und den Kiesweg entlang zum Platz, und nach dem Verzehr, ohne aufgefordert zu werden, wieder zurück. Das Mobiliar war beiläufig und zufällig, als ob man in alten Scheunen oder auf Dachböden danach gesucht, oder gar einen Rundruf unter Bekannten gemacht hätte. Aber gerade darin lag der Charme, nicht alles muss gestylt und perfekt sein. Ringsherum war die Bepflanzung in Grün und Blau gehalten, ruhig und eher bescheiden, genau passend, um sich von der aufregenden Farbzusammenstellung des Gartens zu erholen.

Wie viele andere Familien aus der Gegend hatten wir auch eine Familienjahreskarte. Einmal gekauft, war es, als wären wir im Club aufgenommen. Es genügte, seinen Kopf in den Potting Shed, der gleichzeitig als Kassenraum und Informationszentrale diente, zu stecken, zu grüßen und gleich weiter in den Garten zu wandern.

Leider gehört das alles der Vergangenheit an. Der Garten, hochangesehen und mit internationalem Renommee, war nur gepachtet. Nach zehn Jahren Hadspen waren Nori und Sandra Pope reif für neue Herausforderungen, sie hatten das Gefühl, die Frage der Anwendung von Farbe im Garten genügend demonstriert zu haben, und der Besitzer Niall Hobhouse, Sohn von Penelope Hobhouse, hatte auch Pläne. Er, ein begeisterter Architekturkritiker, sammelte Architekten wie andere Spielzeugautos, förderte das Moderne und die Avantgarde und sah den ehemaligen ummauerten Nutzgarten, wo Nori und Sandra ihre Vision eines Gartens schufen, als leeres Reißbrett, auf dem im Sinne von Wandel im Garten etwas Neues, Aufregendes möglich wäre. Wir – die Girls, ihre Freundin Olivia und ich – waren am letzten Sonntagnachmittag im September dort, um uns zu verabschieden. Der Garten wirkte etwas leer, vielleicht nicht erstaunlich im Hinblick darauf, dass die Bagger in Bälde anrollen würden. Viele Stauden wurden direkt aus dem Beet verkauft oder lagen in der Staudengärtnerei, die den Eingang säumte, bereit zum Mitnehmen in Töpfen oder in Papier eingewickelt. Trotzdem waren das Grundgerüst und der farbige Ablauf des Gartens noch sichtbar und der Tea Room noch voll in Betrieb. Zum richtigen Abschied, eine Woche später, wollte ich nicht hin, denn ich wollte den Ort so in Erinnerung behalten wie zur Blütezeit. Flächendeckende Destruktion war nie meine Sache.

Wie viele andere Stammgäste haben auch wir neben den Erinnerungen auch ein Stück von Popes Hadspen Garden mitgenommen, *Helenium* 'Moerheim Beauty', orange, ins Kupferfarbige übergehend, und das strauchartige Brandkraut *(Phlomis italica)*, bei uns seit dem ersten Besuch meiner jüngsten Tochter in Hadspen bekannt einfach als der Insektenstrauch, wegen der Vielzahl der Käfer und sonstiger Insekten, die dort eine Heimat haben. Auch die Farbgebung meines »Mixed Borders« ist Hadspen-angehaucht, viel Gelb mit lila Tupfen dazwischen, eine gute Sprenkelung von Spontanbewuchs, vor allem Königskerzen und Nachtviolen, die wachsen dürfen, wo sie mögen. In Hadspen Garden waren die langen, oft chaotischen gelben Rabatten beispielhaft. Stets farblich abgestimmt und nie beißend, besaßen sie Luftigkeit, trotz der Dichte der Bepflanzung. Die Fähigkeit, die jahreszeitliche Abwicklung der Pflanzen ineinanderzufügen, war bemerkenswert und in keinem anderen Bereich so deutlich wie in diesem Abschnitt.

Oft abgebildet und wahrscheinlich ebenso oft nachgeahmt, lagen die etwa 4 Meter tiefen Pflanzbeete beidseits eines lang gestreckten abfallenden Wegs. Von Zitronen- über ausgebleichtes Gelb bis hin zu leuchtendem Sonnengelb, alles abgesetzt durch frisches und gräuliches Grün, war die Bepflanzung die reinste Freude. Angefangen im Frühling mit den lilienartigen Tulpen 'Westpoint', die punktuell verstreut waren, gab es immer etwas Neues. Man konnte die Jahreszeiten ablesen. Im Sommer ein wahres Dickicht von *Helenium salicifolia*, schwefelgelben, kandelaberartigen Königskerzen, dazwischen ragte zarter fedriger Fenchel heraus. Auch Rosen nahmen an dem Spiel teil, 'Graham Thomas', die Englische Rose mit kompakten kugeligen Köpfen in Kontrast zu den einige Meter entfernten, flachen tellerartigen Blüten der Strauchrose 'Golden Wings'.

Der Garten und Nori und Sandras Farblehre wie auch Philosophie zur Pflanzenzusammenstellung ist in ihrem Buch verewigt, veröffentlicht mit einem etwas zu romantischen und süßlichen

Titelbild, das leider nicht den Inhalt des Buchs* widerspiegelt, denn das Ehepaar hat die Arbeit von Gertrude Jekyll auf eine andere Ebene gebracht. Die englische Version *Colour by Design* mit hervorragenden Fotos von Clive Nichols entspricht mehr ihrer Philosophie. Dennoch: ganz gleich wie die Titelaufmachung auch sei, gehört das Buch in jede gut sortierte Gartenbibliothek, am besten anzuschauen beim Afternoon Tea im Garten, dann hat man beinah das Gefühl, wieder in Hadspen Garden zu sein.

---

* Nori und Sandra Pope, *Gärten in Weiß, Gelb, Rot oder Blau*, München, 1999

Die Kraft der Magnolien –
der jährliche Besuch bei Caerhays Castle Gardens

Mit gutem Grund ist die Faszination von Großbritanniens südwestlichem Landesteil Cornwall so dauerhaft. Die liebliche Romantik der Gegend, die beeindruckende Küste mit versteckten Buchten und malerischen Fischerorten und die imposanten Herrenhäuser haben durch Rosamunde Pilchers Fernsehsendungen einen Bekanntheitsgrad erreicht, der effektiver als jede touristische Werbekampagne ist. Cornwall hat eine magnetische Wirkung. Künstler wurden vom besonderen Licht und Motiven angezogen, Schriftsteller von der Landschaft, den Sagen und Schmugglerlegenden und die Gärtner vom milden Klima des Golfstroms. Gärten in Cornwall setzen sich von den sonstigen englischen Gärten ab. Sie haben mehr Verwandtschaft mit den naturalistischen Waldgärten der Westküste von Schottland oder Irland als mit den Cottage-Gärten oder bekannten Gartenraum-Blumengärten wie Sissinghurst oder Great Dixter. Bedingt durch das milde Klima mit wenig oder kaum Bodenfrost, der hohen Luftfeuchtigkeit, der höheren Anzahl von Sonnentagen und der geschützten Lage gedeihen Pflanzen, die man eher in südlichen Breitengraden erwarten würde. Es hat sich daher ein eigenständiger Waldgartentyp entwickelt, bestückt mit einer Mischung von heimischen Zier- und sogar exotischen Gehölzen, die Dimensionen erreichen und eine Blütenpracht entwickeln, von denen die meisten nur träumen können.

Caerhays Castle Gardens* ist der Geheimtipp in Cornwall. Weit mehr als nur ein zauberhafter Waldgarten, folgt Caerhays, seit fünf Generationen im Besitz der Familie Williams, der großartigen Tradition von viktorianischen Pflanzensammlern und Experten. In beispielhafter Art und Weise wird hier eine Selektion präsentiert, die sogar eingefleischte Staudenfans von der Schönheit der Anballung von Blütengehölzen überzeugen kann. Was aber den Garten absetzt und einzigartig macht, ist weder die Vielfalt noch die gekonnte Anordnung der Bäume und Sträucher oder die geschickte Verteilung von Wegen, sondern die Einbindung in die Landschaft selbst. Der Garten, eingebettet in einem natürlichen Amphitheater direkt an der Küste, hat etwas Ursprüngliches an sich, so, als ob er immer hier gewesen wäre. Der erste Anblick im Frühling auf die bewaldeten Hänge, durchsprenkelt mit weißen, rosa und kirschroten Klecksen, ist, wie in eine andere Welt transportiert zu sein. Bereits bei der Anfahrt wird deutlich, dass sich hier auf der Roseland Peninsula, an der Südostküste Cornwalls zwischen St. Austell und Truro etwas Besonderes abspielt.

Fährt man die typisch enge, mit steilen Böschungen eingefasste Landstraße weiter, ist die Überraschung komplett. Zurückgesetzt vor dem blühenden Waldrand mit parkartigen Wiesen im Vorfeld, die fast bis zur kleinen Bucht reichen, steht das Herrenhaus. Ein Schloss wie aus dem Bilderbuch, entworfen

---

* Caerhays Castle Gardens, Gorran, St. Austell PL26 6LY, www.caerhays.co.uk

Anfang des 19. Jahrhunderts vom bekannten Architekten John Nash, der Regent Street und Regent Park in London wie auch den Brighton-Pavillion zu seinen Werken zählt. Lang gestreckt, verziert mit Türmchen, besitzt es eine überraschende Selbstverständlichkeit, etwas Gemütliches und gleichzeitig Verborgenes, absolut passend zum Garten und Besitzer.

Der Garten mit einer Größe von zirka 24 Hektar im Zentralbereich ist nur zwischen Mitte März und Mitte Mai zur Hauptblütezeit der Frühlingsblüher offen und zieht trotz der abgelegenen Lage Rhododendren-, Kamelien- und Magnolienfans aus der ganzen Welt an, denn Caerhays unter der Familie Williams hat entscheidende Beiträge zur Gartenwelt geleistet. Blättert man durch Baumschulkataloge auf der Suche nach Rhododendren oder Kamelien, stößt man unweigerlich auf *Rhododendron williamsianum*-Hybriden oder *Camellia* x *williamsii*, beide nach dem Gründer des Gartens, John Charles Williams, genannt. Entsprechend dem damaligen Zeitgeist legte er zwischen 1880 und 1939 einen Garten an, der von Insidern als beispielhaft für das Genre der »naturhaften Waldgärten« galt.

JCW, wie er von seinem Nachfolger genannt wird, war äußerst bescheiden, öffentlichkeitsscheu und widmete sich seinen Pflanzen, zuerst den Narzissen, dann den Rhododendren, die er von den berühmten Pflanzenjägern George Forrest und Ernst Henry Wilson bezogen hat. Er war einer der Ersten, die den gärtnerischen Wert von Rhododendren aus Westchina erkannten, und züchtete 268 Kreuzungen, von denen manche heute noch bekannt sind. Seine Leidenschaft wurde auf Kamelien und Magnolien erweitert, und seine Arbeit sickerte trotz aller Geheimhaltung in Gartenkreisen durch. Fleißig und begabt, war

JCW nicht bereit, seine Züchtungen namentlich zu benennen, sondern versah alles, zum großen Frust seiner Freunde, nur mit Nummern. Sein Wunsch nach Anonymität ging so weit, dass damalige Berichte weder Garten noch Eigentümer benannt haben. John Charles Williams' Beitrag zu den heutigen Gärten ist unumstritten und umso bemerkenswerter, da seine Begeisterung und Leidenschaft sich auch auf nachfolgende Generationen übertragen hat.

Während sein Sohn Charles Williams sich die Rhododendren vornahm, wird heute das Hauptmerkmal auf die Magnolien und seit Neuestem auf die Steineiben *(Podocarpus)* gesetzt. In den Händen von Julian Williams und seinem Sohn Charles wird die Anlage für künftige Generationen gesichert. Caerhays Castle Gardens ist zukunftsorientiert und baut auf das Erbe, um einen Schauplatz für Ziergehölze in einer naturhaften Umgebung zu entwickeln. Gegenüber vom Zentralbereich des Gartens wurde ein neues Feld von zirka 4 Hektar bepflanzt. Als Allererstes, bevor die Ziergehölze gesetzt wurden, musste eine Schutzhecke von Lorbeer gegen die fatalen Ostwinde und windgetriebenes Salzwasser errichtet werden.

In seinen Führungen und Vorträgen betont Charles Williams stets die Notwendigkeit, trotz des milden Klimas ein geschütztes Mikroklima zu schaffen, um das Gedeihen und die Blüte der empfindlichen Spezies zu gewährleisten. Während sein Vater, als er Caerhays erbte, sich in Bücher vertieft hat, um fundierte Kenntnisse über die Pflanzenwelt zu bekommen, bis er selber zu einem wissenschaftlichen Experten geworden ist, hat Charles Williams alles aus der Praxis gelernt. Nach Eton College und Oxford University mit einer kurzen Zwischenstation als Unter-

Untergärtner bei Windsor Great Park, wo er nur auf Bitten seines Vaters eine Anstellung annahm – er drohte, bei der Kläranlage zu arbeiten –, hat er seine Erfahrungen im Familienbetrieb, der Baumschule Burncoose* gesammelt. Hier, in der ebenso sehenswerten kommerziellen Seite des Geschehens, werden die Pflanzen gezogen, die zuerst in Caerhays ausprobiert wurden.

Irgendwie scheinen die Williams mit einem Verständnis und Instinkt für Gehölze geboren zu sein. Wenn Charles Williams über Magnolien spricht, ist sein Enthusiasmus ansteckend. Seit 2000 ist die Nationale Sammlung von Magnolien in Caerhays beheimatet, einer von nur fünf Orten, die sich auf dieses Sortiment konzentriert haben. Aufbauend auf die ersten Magnolien, die von JCW gepflanzt wurden, stehen jetzt über 500 Magnolien im Garten. Unter ihnen *Magnolia* x *veitchii* mit einem Stammumfang von über 3,6 Metern, gemessen in 1 Meter Höhe, und die originale *Magnolia campbellii* von 1910.

Zum eindeutigen Höhepunkt gehören die mächtigen *Magnolia sprengeri* 'Diva', Bäume, deren tiefrosa Blüten gegen den klarblauen Himmel eine atemberaubende Wirkung haben. *Magnolia* 'Caerhays Belle' mit tellergroßen lachsrosa Blüten ist ein Sämling davon. Eine weitere Caerhays-Züchtung ist 'Caerhays Surprise', eine Kreuzung zwischen *M. mollicornata* und *M. liliiflora* 'Nigra', die bereits in jungen Jahren dunkellila-rötlich abschwächend zu helllila blüht und auch für kleinere Gärten geeignet ist.

Magnolien in Cornwall setzen keine Saat an, der Winter ist zu mild und der Sommer nicht warm genug, und so muss Saat von

---

* Burncoose Nurseries and Gardens, Gwennap, Redruth TR16 6BJ, www.burncoose.co.uk

bekannten Züchtern in Neuseeland und Nordamerika bezogen werden. Auch hier muss mit Mutationen, bedingt durch Klima und Boden, gerechnet werden, die für interessante Entwicklungen sorgen. So blüht *Magnolia* 'Vulkan' mit kleinen rosa Blüten mit gekraustem Rand, wie bei einem altmodischen Damentaschentuch, ganz anders in Cornwall als in Neuseeland. Es ist vielleicht gerade diese Eigenschaft, sich den örtlichen Bedingungen anzupassen, die Magnolien so interessant macht. Sie sind kluge Pflanzen und öffnen ihre letzte Hülle erst, wenn die Witterung entsprechend stabil ist und die Blüte sich ohne Frostgefahr entfalten kann. Im Jahr 2006 war der Frühling in ganz Europa so verspätet, dass die Blühperiode von Magnolien in Cornwall von vier bis fünf Wochen auf etwa zwei Wochen geschrumpft ist. Wer wie ich das Glück hatte, gerade in Cornwall zu sein, konnte sich an einem einmaligen explosiven Schauspiel von Magnolien, fast wie bei einem Feuerwerk am helllichten Tag, erfreuen.

In Kenntnis der verhältnismäßig kurzen Blühsaison baut Charles Williams seine Magnolien-Sammlung mit den später blühenden gelben Züchtungen aus, die nicht wie die weiß- oder rosa-blühenden sich vor dem Laub entfalten, sondern später, zeitgleich mit den ersten Blättern. In Caerhays werden wertvolle Erfahrungswerte über die Farbigkeit der Blüten, die in der Regel eher im cremegelben Spektrum liegen als im reinen Gelb, gesammelt. 'Elizabeth' und 'Butterflies', eine Kreuzung zwischen *Magnolia acuminata*, der Gurkenmagnolie, und *Magnolia denudata*, gedeihen gut in Cornwall. 'Gold Star' mit blassgelben, sternähnlichen Blüten und 'Yellow Fever' mit gelben Knospen, die dann in der Blüte zu Cremegelb abschwächen, sind beide in Caerhays 10 Meter hohe Bäume.

Für mich gehört die Magnolien- und Kamelienschau zum Frühlingauftakt, Grund genug, eine jährliche Pilgerfahrt nach Caerhays Castle Gardens zu unternehmen. Während die Kinder in der Bucht Sandburgen bauen, kann ich im Wald versinken und, wie der bekannte Gehölzspezialist Roy Lancaster es so treffend beschrieben hat, nachempfinden, wie ein bewaldeter Hang in Südwestchina aussieht. Auch an trüben Tagen leuchten die Blüten, die Gartengestaltung ist nebensächlich, tritt voll in den Hintergrund und wird von der Pracht der Pflanzen übertrumpft. Diese Illusion wäre ohne das Team von engagierten Gärtnern nicht möglich. Seit 1996 ist Jaimie Pearson mit fünf Arbeitskräften an der Reihe, Nachfolger von Philip Tregunna, der eine gleichnamige Magnolie gezüchtet hat. In Caerhays hinterlässt jeder Spuren, aber der Garten ist mehr als ein Sammlergarten für Pflanzenliebhaber. Er zeigt, wie dynamisch und interessant ein Waldgarten sein kann. Das Gefühl, ein lebendes Labor zu betreten, wo vielleicht die Pflanzen von morgen entstehen, ist aufregend.

Als Belohnung am Ende des Besuchs ist eine Tasse Tee mit hausgemachtem Kuchen genau das Richtige. Bis zum Beginn des Millenniums wurde alles sehr lässig gehandhabt. Die Hausangestellten wurden für die kurze Saison in den damals provisorisch eingerichteten Tearoom geschickt. An manchen Tagen war es drinnen kälter als draußen, etwas, was erfahrene Englandbesucher nur zu gut kennen. Hier hilft nur eines, sich fest an die warme Teetasse zu klammern. Alles hatte eine wunderschön zusammengebastelte, aber bodenständige Art, von der Plastikdecke bis zur schmackhaften, heißen Suppe aus riesigen Töpfen und dem Sammelsurium von Teekannen und Teetassen, von der Haushälterin selbst serviert. Sie wurde vom russischen Milliardär Roman Abramovich entdeckt und abgeworben. Der Tearoom wurde renoviert, erweitert und in Magnolia Tearooms umgetauft. Jetzt läuft alles professionell, eine Heizung wurde eingebaut, der Suppentopf wieder in die Küche geschickt und durch einen Elektrosuppenkessel ersetzt und neue, passende magnolienfarbene Teekannen besorgt.

Jeder, der Caerhays besucht, erliegt der Versuchung, ein Stück mitzunehmen. So blüht bei mir die Caerhays-Kamelien-Züchtung 'St. Ewe' mit einfacher, tiefrosa Blüte und nimmt ein erstaunliches Maß an, auch wenn der leicht lehmige Boden doch nicht ganz das Richtige ist. Seit Neuestem ist auch *Magnolia sprengeri* 'Diva' bei mir im Garten, mit 45 Zentimetern Höhe der teuerste Zweig, den ich je gekauft habe, etwas, woran mich meine Tochter stets erinnert. Man muss auch an die Zukunft denken, künftige Bewohner von The Dairy House werden sich hoffentlich an den Blüten erfreuen, und für mich ist es eben etwas fürs Alter.

Lückenfüller, Schnittkunst und Schlösser

Ob Kater Kitty oder der Dachs daran schuld waren, weiß ich nicht, ich hatte jedenfalls eine riesige Lücke genau im Mittelteil des Staudenbeets. Dort, wo das sommerliche Gelb und Orange sich erweitern sollte, unterbrochen durch etwas Lila, war nichts, alles, von *Echinacea* bis Schafgarbe, war platt gedrückt, als ob ein Wirbelwind eingedrungen wäre. Noch dazu hatten sich die verbleibenden Stauden so gut in diesem Jahr entwickelt, dass sie enorme Höhen erreichten, und nun ragten sie um den Fleck. Nur die herunterhängenden, überdimensionierten Süßdolden *(Myhrris oderata)* kaschierten beziehungsweise verdeckten das Problem vorübergehend. Sie mussten aber unbedingt zurückgeschnitten werden.

Wie füllt man eine Lücke im Staudenbeet mitten im August mit großen, möglichst blühenden Pflanzen, noch dazu in der richtigen Farbe? Auch wenn ich Gartencenter im Allgemeinen meide, einfach weil ich nicht so diszipliniert bin, von Spontankäufen Abstand zu nehmen, und mir meine Mitbringsel immer leidtun, weil ich keinen richtigen Platz dafür habe, waren sie jetzt meine einzige Rettung. Mir fiel nämlich ein, was Helen Dillon, die geschickte und beispielhafte irische Gärtnerin seit Neuestem macht, um Highlights in ihren Garten zu bringen: Sie hat einen Vorrat an Metall-Mülleimern, die sie mit Sommerflor und Blumenzwiebeln bepflanzt, von *Agapanthus* bis Blumenrohr, *Canna* oder auch Dahlien, die sie nach Belieben im Garten arrangiert, immer dort, wo Farbe gebraucht wird oder plötzlich eine Lücke entstanden ist. So etwas hatte ich nicht, aber vielleicht würde ich etwas bei meinem naheliegenden Gartencenter, Castle Gardens, finden.

Wer in Süd-Somerset oder Nord-Dorset einen Garten anlegt oder etwas für den Garten braucht, fährt je nach Wohnort nach Castle Gardens* in Sherborne, Brimsmore bei Yeovil oder zum neuesten Mitglied der Kette, Poundbury Gardens bei Dorchester. Castle Gardens, gegründet 1987 von Mike und Louise Burks, ist der Stammsitz des kleinen Gartenimperiums. Wie der Ort Sherborne selber ist das Gartencenter ein Geheimtipp für Insider. Obwohl Castle Gardens genannt, ist kein Garten dabei, nur Töpfe auf Tischen und Hochstammbäume sind ordentlich alphabetisch nach Namen sortiert, alles untergebracht in dem ehemaligen »Walled Garden«, dem Nutzgarten des Schlosses.

Die Lage und Anordnung der Anlage am Stadtrand von Sherborne ist einmalig. Getrennt von der kleinen idyllischen Marktstadt durch die Bahnlinie, den Fluss und eine parkartige Wiese, gesäumt von mächtigen Bäumen, hat man das Gefühl, ganz auf dem Land zu sein. Von der Straße aus kaum zu sehen, geschützt durch eine hohe Steinmauer, weisen nur die Aus- und Einfahrten auf die Aktivitäten im Wirtschaftsareal des Schlosses hin:

---
* Castle Gardens, New Road, Sherborne DT9 5NR, www.thegardeneronline.co.uk

der Sägemühle, dem Steinlager und, neben der Schlosseinfahrt selbst, der Gärtnerei. Der eigentliche Castle Garden, ein Landschaftsgarten samt kleinem See, angelegt 1753 von »Capability« Brown mit etwa 16 Hektar und angrenzendem Jagdrevier, liegt etwas oberhalb um Sherborne Castle selber. Um alles noch mehr zu verwirren und auch interessanter zu machen, besitzt Sherborne zwei Burgen, die alte Burg, Sherborne Old Castle aus dem 12. Jahrhundert und seit 1645 eine malerische Ruine, verwaltet vom Denkmalschutzamt, und gleich daneben das »neue« Schloss. Erbaut 1594 von Sir Walter Raleigh, dem berühmten Seefahrer, und seit 1617 Sitz der Familie Digby, ist dieses Schloss eher bescheiden und schlicht, mehr Landhaus als großartiges Herrenhaus. Aber so ist auch Sherborne selbst. Hier wird nichts an die große Glocke gehängt, wer Geld hat, zeigt es nicht, und jeder besucht irgendwann die zahlreichen Wohltätigkeitsläden, die neben London ein Fundus an Marken- und manchmal Couture-Kleidern sind.

Fährt man von London mit der Bahn nach Sherborne, so begrüßt einen die Ruine als Erstes, und man fragt sich, wo die Stadt sich befindet, denn die moderne Welt scheint Sherborne umgangen zu haben. In der Tat hat sie sich ganz raffiniert eingefügt, etwas, was Sherborne vor allen anderen Städten auszeichnet. Bekannt in erster Linie für die hervorragenden Schulen: zwei Internate in der Stadt selbst, Sherborne Boys, gegründet 1550, und Sherborne Girls aus dem 19. Jahrhundert, wie auch eine dritte Schule, die »Jungfrauen auf dem Hügel« des römisch-katholischen Mädchen-Internats und die Tagesschule Leweston etwas außerhalb. Mit einer Gesamtschule für die Region weist die Stadt eine gute Mischung für alle Altersgruppen auf und bietet ein passendes, wenn auch nicht aufregendes Freizeitangebot an. Klassische und Rockkonzerte werden ebenso angeboten wie auch progressive Theaterstücke oder Dramen von Shakespeare. Tearooms und Kaffeehäuser für Schüler, Eltern und Einwohner sind zahlreich vorhanden, ohne einen Starbucks oder McDonald's, was einzigartig sein muss. Wohnqualität, Tradition und das Umfeld werden geschätzt, und so wäre es möglich, allein in Sachen Gärten und Burgen den ganzen Tag hier zu verbringen, nur nicht an einem Montag (außer am Feiertag) oder am Freitag, denn dann hat das »New« Castle geschlossen.

Anlaufpunkt für den Gartenliebhaber ist Castle Gardens. Was das Gartencenter auszeichnet, ist das Sortiment, die Qualität und die Beratung. Dafür zahlt man natürlich seinen Preis, und es ist erstaunlich, wie schnell sich die Pfunde addieren. Um das Budget im Griff zu halten und das Problem des Spontankaufs zu mildern, habe ich mir angewöhnt, das Walled-Garden-Restaurant, mehr Bistro als steifes Restaurant, nach der ersten Erkundungsrunde aufzusuchen. So kann ich, wenigstens theoretisch, bei Tee oder Kaffee überlegen, was anhand des Angebots am besten zusammenpasst und was ich »wirklich« brauche. Untergebracht in den alten Wirtschaftsbauten direkt an den hohen Mauern, sitzt man mit Blick auf den hinteren Hof oder das Gartencenter in einem ruhigen, gemütlichen Ambiente. Obwohl ich kein großer Fan von Wintergärten bin, setze ich mich mit Vorliebe im Glasanbau mit Panoramablick auf die Verkaufsfläche und beobachte das Geschehen.

An diesem Tag war Formschnitt offensichtlich an der Reihe, und da die Kugeln, Kegel, Spiralen, Halbstämme, Hochstämme und sonstigen Formen direkt um den Eingang zum Café ausgestellt waren, erledigt man die Arbeit vor Ort. Noch in Gedanken über die mögliche Lösung für mein Lückenproblem, interessierte ich mich nicht besonders für die Aktivitäten vor dem Fenster. Erst als ich mich dem »Victoria Cake«, unserer Standardspeise, die ich immer mit meiner Tochter teilte, widmete, schaute ich nach draußen, wo zwei junge Männer, an einer Hochbeetkante sitzend, sich unterhielten und nebenbei, ganz beiläufig, als ob sie sich erinnert hätten, warum sie eigentlich da waren, an den Kegeln vor ihnen schnippelten. Besser gesagt, der ältere der beiden, mit dunkelblondem hängendem Pony nach Art von Hugh Grant, ging sachte mit der Pflanze um und entfernte ganz willkürlich die oberen Blätter, als ob er Teeblätter sammelte, während der jüngere, ein Blondschopf im Alter zwischen 12 und 16 Jahren, kurze energische Attacken auf eine Flanke seiner Kegel ausübte. Abwechselnd kamen Gartenscheren, Formschnittscheren und, als das alles nichts half, eine Küchenschere an die Reihe. Der Wirkung nach hätte der Blondschopf ebenso gut eine Kettensäge nehmen können. Dem Kegel fehlte ein ganzes Stück, als ob irgendjemand hineingebissen hätte. Fertig oder gelangweilt vom Buchskegel, kam eine *Lonicera*-Halbstammkugel an die Reihe und wurde von beiden gleichzeitig bearbeitet. Teamarbeit bekam eine ganz neue Bedeutung, und die Kugel erhielt ein ganz anderes Aussehen, schnipp-schnipp an einer Hälfte und hack-hack an der anderen. Hinter ihnen stand ein riesiger, prachtvoller Lorbeer-Kugelbaum über 2,5 Meter hoch und gut gewachsen – ob er auch drankommen würde? Wie in einem Film von Laurel und Hardy, wusste ich nicht, ob ich weinen oder lachen sollte.

Ob ich den Mut des Gartencenters bewundern sollte, solche Aushilfskräfte – Gärtner waren sie eindeutig nicht – an solche kostbaren Pflanzen zu lassen? Der Buchskegel war mit einem Preis von 237 Pfund versehen, die Buchskugel mit 135 Pfund. Ihrer Frisur nach waren die beiden Schüler von Sherborne Boys, die womöglich hier ihre ersten Erfahrungen mit der Arbeitswelt machten. Als dann ein Kunde sich interessiert mit den Jugendlichen unterhielt und den Anschein gab, dass er Fachfragen stellte, gefolgt von einem älteren Herrn, der offensichtlich Ratschläge erteilte, indem er gestikulierte, man müsste mindestens 15 Zentimeter entfernen, wurde es einfach zu viel für mich. Sollte ich zur Rettung der Pflanzen eingreifen oder einfach flüchten?

In der Zwischenzeit war der »Aufseher« erschienen, ein etwas älterer Vollzeitangestellter mit Ring im Ohr und glatter Frisur, der ebenso wie die Schuljungen sich halbherzig an den Formschnitt machte. Unsere Rechnung war bezahlt und wir gingen nach draußen, wo das Ausmaß der Schnittkünste offenkundig wurde. Alles war aufgereiht, eine Allee von neun schulterhohen Kegeln, die »bearbeitet« wurden zu einer ganz neuen und auch einzigartigen Schnittform, was man am Treffendsten als eine Hommage an den Schiefen Turm von Pisa beschreiben konnte. Wer wohl so etwas kaufen wird?

Als wir an der Kasse waren, konnte ich mir eine Bemerkung über die interessanten Schnittkünste nicht verkneifen. Ja, die Jungs wollten Delfine schneiden! Aber doch nicht so viele. Mike (der Chef) würde im Dreieck springen. Vielleicht gibt es einen Bedarf an Delfinen in Dorset, man ist doch schließlich in Küstennähe und für Skurriles immer offen.

Und wie ist es mit der Lücke ausgegangen? Selbstverständlich hatte Castle Gardens genau das Richtige. Aber ich vergaß, dass ich statt unserem Auto mit großer Ladefläche nur ein sportlicheres Mietauto mit eingeschränktem Kofferraum und geringer Höhe an diesem Tag hatte, und nun gab es das Problem des Unterbringens! Schräglage und langsames Fahren waren angesagt. Mit einem prächtigen Blumenrohr, *Canna* 'Wyoming', wurde das bronzelaubige Thema wie auch das Orange aufgegriffen und, abgesetzt durch *Rudbeckia* 'Goldsturm', schließlich das Loch »gestopft« und das Beet wieder zusammengestrickt.

Käse vom Bauern – wo es den besten Cheddar gibt

Bevor ich nach North Cadbury zog, war meine Käseleidenschaft voll auf französischen Käse ausgerichtet und dabei hielt ich mich sogar für einen Käse-Gourmet. Jetzt wurde ich eines Besseren belehrt und werde englischen Käse nie wieder nur für einen »Mitläufer« halten. Ich hätte es wirklich besser wissen sollen. Denn dank meines Onkels Arthur bekam ich als junges Mädchen eine gute Schulung in Sachen englischer Käse, die irgendwie in Vergessenheit geraten war. Einer seiner Lieblingsorte war die Käsehalle auf dem Stockport-Markt im Nordwesten von England. Hier, in schmale Gassen aufgegliedert, waren die Käsehändler und Kleinerzeuger der Region eng an eng aneinandergereiht und ihre Ware zu richtigen Käsehochhäusern auf und hinter den Theken aufgetürmt. Laibe unterschiedlichster Größen von leckersten Käsesorten, die selten über die Landesgrenze, geschweige ins Ausland reisten und oft nur in unmittelbarem Umkreis verkauft wurden. Weiße, beige, ins Gelbliche und sogar Rötliche übergehende, leicht bröckelige Käsesorten, einfach nach dem Ort oder Produzenten benannt: »Tasty Lancashire«, kräftiger als »Mild Lancashire«, »Wensleydale«, Varianten vom Cheshire-Käse in Weiß, oder auch der bekanntere blaue Stilton.

Für uns war der Cheddar-Käse der uninteressanteste von allen. Vielleicht weil er der bekannteste Käse war und schon damals industriell gefertigt und in Supermärkten als fester »Plastik«-Käse angeboten wurde, Welten entfernt vom echten Käse war und vielleicht auch, weil er aus dem Süden kam. Teil des Erlebnisses war, den Käse zu kosten, zu probieren, ob er sich von Woche zu Woche verändert hat, kräftiger oder milder geworden ist, und ob man bei seinem Favoriten bleiben sollte. Großzügige Brocken wurden einfach über die Theke an Messerspitzen überreicht, mit begleitendem Kurzkommentar. Fast eine Mahlzeit für sich, war es kein Wunder, dass ich samstags kaum etwas zu Mittag aß. Der Markt wurde auch zu meinem Lieblingsplatz. Ich habe sogar meine Kunst-Abiturabschlussarbeit darüber gemacht und versuchte, den Skizzenblock in der Hand, über Stunden hinweg die Stimmung und das Treiben festzuhalten.

In den 80er Jahren, als die große Restaurierungswelle über England schwappte, wurde die Käsehalle gründlich saniert, und zwar nicht nur die Bausubstanz. Die Verkaufsmethoden der Händler und die Präsentation von Käse wurden als unhygienisch und nicht EU-Norm-gerecht deklariert – als ob es in Frankreich oder Italien anders zugehen würde –, und sie mussten sich den neuen Richtlinien anpassen. Bis auf eine Handvoll verschwanden die Händler ins Umland oder gingen in den vorzeitigen Ruhestand, und damit verlor der Ort sein Sortiment und die Stimmung.

Die Grundkenntnisse in Sachen Käse und eine Faszination für Märkte haben mich auf Reisen immer begleitet und meine Neugier und mein Interesse an ortstypischen, handgefertigten Käsesorten gesteuert. Dass ich ausgerechnet jetzt mitten im

Cheddar-Dreieck wohne, ist purer Zufall. Über Nacht musste ich meine Meinung und Einstellung zu Cheddar-Käse grundlegend ändern.

In der Käsehierarchie steht handgefertigter Cheddar-Käse ganz oben, vom Kenner sogar als der König der Käse bezeichnet. Manche Londoner Restaurants der gehobenen Klasse bieten nur einen Käse, und zwar Montgomery's Manor Farm Cheddar* aus North Cadbury, Somerset, an. Von all dem wusste ich natürlich nichts, als ich zum ersten Mal Cheddar von Teds Laden kaufte. Die Wahl war »Monty« oder »Maryland«, und da der letzte etwas zu perfekt aussah und der »Monty« eindeutig von großen Laiben geschnitten wurde, ließ ich mir eine Ecke abschneiden. Monatelang kaufte ich den Cheddar vom Dorfladen, ohne mir dabei etwas zu denken. Dass er besonders gut mit schwerem Rotwein, hervorragend überbacken auf Weißbrot war und den besten »Cheese & Onion Pie« der Welt hervorbrachte, hielt ich nur für einen glücklichen Zufall. Erst als die DIN-A4-Zertifikate und Ausschnitte von Zeitungsartikeln stolz auf Teds Kühlregal geklebt wurden, war mir klar, dass es sich hier um etwas Besonderes handelte. Die Krönung war der Pokal, der stolz von oben auf alle Kunden herabschaute.

Es gibt Käse und es gibt Montgomery's Manor Farm Cheddar. Wer einmal diesen Käse, Westcombe Cheddar** von Shepton Mallet oder Keen's Cheddar*** aus Wincanton probiert, ist

---

* Jamie Montgomery, Manor Farm, North Cadbury, Yeovil BA22 7DW
** Richard Calver, Lower Westcombe Farm, Westcombe, Shepton Mallet BA4 6ER
*** George und Stephen Keen, Moorhayes Farm, Verrington Lane, Wincanton BA9 8JR

lebenslang verwöhnt und wird nie wieder Cheddar aus dem Supermarktregal kaufen. Bis fünfmal teurer als die gleichnamige industrielle Variante, haben diese Käse außer dem Namen nichts Gemeinsames. Cheddar, nach dem Ort in Somerset genannt, wo er früher in den Naturhöhlen des Mendip-Gebirges gelagert wurde, wurde über die Jahre einfach zu einem Allerwelts-Begriff einer Herstellungsmethode von Käse.

Cheddar wurde in Schottland, Irland und sogar in Neuseeland produziert und bekam einen Ruf als fester, dichter, blockartiger gelblicher bis weißer Schnittkäse, erhältlich in verschiedenen Geschmacksstufen von mild bis stark. Während dieser Entwicklung gewann der Käse einen Bekanntheitsgrad, verlor aber seine Wurzeln und den Bezug zu seiner eigentlichen Heimat, Somerset. Käsekenner und Insider wussten schon lange, dass sich eine beinah geheime Parallel-Käsekultur auf dem Land fortsetzte, und behielten ihr Wissen und die Quellen für sich. Von den unzähligen Kleinproduzenten blieben nur wenige bis zu den 90er Jahren erhalten. Das Schicksal der Käserei des Dairy House war typisch für viele Orte, es wurde unrentabel, die Nachfrage stagnierte und so stellte man die Herstellung ein. Erst mit der Wiederentdeckung von lokalen Erzeugnissen, befürwortet unter anderem durch die »Slow Food«-Bewegung, die Zunahme an lokalen Bauern-Märkten, bekommen diese regionalen Kostbarkeiten die Anerkennung, die sie verdienen.

Mit der Unterstützung von Neal's Yard Dairy* in London, einer der besten Adressen in England für Käse, haben Montgomery, Keen und Westcombe, die drei Bauernhöfe, die Cheddar

---
* Neal's Yard Dairy, 6 Park Street, Borough Market, London SE1 9AB

noch nach traditionellen Methoden herstellen, ein Präsidium »Artisan Somerset Cheddar« ins Leben gerufen und das Cheddar-Dreieck auf die Landkarte gesetzt.

Nach altbewährter Methode, hergestellt von frischer, nicht pasteurisierter Milch der Morgenmelkung von der eigenen Herde Friesischer Kühe und von Hand geformt, reift der Käse, gewickelt in Stoff, für mindestens elf Monate. Was den Käse auszeichnet, ist der Geschmack, der je nach Jahreszeit und sogar Wochentag variiert. In North Cadbury werden um die 14 bis 16 Laibe, jeweils mit einem Gewicht von 23 Kilogramm, pro Tag gefertigt. Systematisch nach dem Herstellungstag gelagert, werden die Laibe in regelmäßigen Abständen von Jamie Montgomery, der die Käserei führt, gedreht und geprüft, um zu sehen, welche der Laibe weiter zu 18-Monats-Cheddar gereift werden. Ab und zu auch im Laden erhältlich und einfach mit »X« gekennzeichnet, ist dieser von so einem kräftigen, aber runden Geschmack, dass er wie ein guter Parmesan oder Pecorino, nur in dünnen Scheiben mit einem Glas feinem Rotwein oder saftigen Birnen verzehrt werden muss. Jetzt, in der dritten Generation, setzt Jamie Montgomery nicht nur eine wichtige Tradition fort, sondern auch einen Lebensstil, in dem Landschaft und Landwirtschaft, Arbeitsstätte und Wohnort, Erzeugnis und Esskultur zusammengewoben sind.

Die Grafschaft Somerset, vor allem Süd-Somerset, ist seit jeher bekannt für das milde Klima, die guten Böden und hervorragende, beständige Weiden. Glückliche Kühe und grüne Wiesen sind das typische Bild von der Grafschaft, das sogar auf mehreren Postkarten festgehalten ist. Ist man mit dem Auto unterwegs, darf man nicht überrascht sein, wenn die Straße von Kühen auf dem Weg zum Stall blockiert ist oder wenn Milchcontainer versuchen, sich entlang der engen Landstraßen zu quetschen und man schnell seitlich Zuflucht suchen muss. Statt zu einer anonymen Zentrale zu gehen, wird die Milch oft vor Ort oder in der unmittelbaren Region verarbeitet. Ein Blick in das Kühlfach im Dorfladen zeigt die Spannweite der Produkte, Somerset-Butter, Joghurt aus Yeo Valley, Sahne von der Herde von Jersey-Kühen neben einer Auswahl anderer Käsesorten.

Zum Cheddar gesellen sich auch weitere Käse aus dem Hause Montgomery: Ogleshield, ein Jersey-Milch-Schnittkäse nach der Art eines französischen Tomme, benannt nach dem Lagermeister von Neal's Yard Dairy, der mit der Lagerung und Behandlung der Rinde experimentiert hat. Das Ergebnis ist ein gelber, ins Orange übergehender, leicht klebriger, schmackhafter, aber leichter Käse nach Art des Münsterland-Käses, aber weniger penetrant vom Aroma. Eine weitere Entwicklung von Manor Farm, ebenso aus Jersey-Milch gefertigt, ist Danegeld, ein junger Schnittkäse, ähnlich dem Butterkäse, dessen Rinde mit Olivenöl behandelt ist. Danegeld, eine Steuer, eingesetzt von König Ethelred II. im späten 10. Jahrhundert, an die Dänen zu zahlen, um eine Invasion zu verhindern, gilt als die erste Steuer des Mittelalters. Ethelreds Münzprägerei war in South Cadbury, angeblich an dem Ort, wo die Jersey-Kühe heute weiden, wenige Kilometer von der Käserei entfernt.

Zu den vier Manor-Farm-Käsen, wenn man den geräucherten Montgomery Cheddar dazuzählt, passt ein weiterer Käse aus der Nachbarschaft besonders gut auf das Käsebrett: Dorset Blue Vinny (oft als Vinney geschrieben), ein Blauschimmelkäse, der fast vom Aussterben bedroht war und erst in den 70er Jahren von Mike Davies von Woodbridge Farm, Sturminster Newton in Dorset wieder eingeführt wurde. Ein ausgesprochen feiner Käse, der nur in kleinen Mengen und selten außerhalb von Dorset und Süd-Somerset zu bekommen ist, ist Dorset Blue Vinny* im Gegensatz zum wesentlich reich- und fetthaltigeren Cheddar mager und fettarm. Hergestellt aus der Restmilch der Butterproduktion, ist der Käse heller, fast weißlich und von blauen Adern durchzogen. Während früher der Schimmel auf etwas abenteuerliche Weise beigegeben wurde – von Kuhstallboden und Pferdegeschirr war früher die Rede –, geht man heute wesentlich hygienischer vor. Noch mehr als beim Cheddar schmeckt man hier die Weide, nicht jedermanns Sache, aber wenn der Käse gut ist, und das ist er immer um Weihnachten herum, ist er besser als jeder blaue Stilton.

Mit dem Zugriff auf solche Produkte lässt sich schnell ein Picknick von bester Qualität zusammenstellen. Ein Besuch oder Anruf im Laden genügt. Und will man Familie und Geschäftspartnern an Weihnachten eine Freude machen, schickt man einfach eine Ecke Käse oder sogar einen kleinen »truckle«, einen 1,7 bis 2,3 Kilo schweren Laib, selbstverständlich mit dem hauseigenen Etikett, per Post.

---

* www.dorsetblue.com

Englische Rosen und französische Beziehungen

Wenn man über englische Gärten spricht, denkt fast jeder sofort an Rosen. Warum und seit wann diese Verknüpfung existiert, weiß niemand so richtig. Die Erwartungen von Besuchern, insbesondere vom europäischen Festland, sind hoch. Es scheint fast so, als wäre ein Garten nicht richtig »englisch«, wenn nicht eine gute Portion von Rosen, aber bitte gesunde und in voller Blüte, vorhanden ist. Natürlich führt es manchmal zu Enttäuschungen, wenn die Vorstellungen und auch das, was in sämtlichen ausländischen Gartenzeitschriften präsentiert wird, nicht der Realität entspricht. Wer beispielsweise nach Cornwall oder zur Westküste von Schottland auf die Suche nach Rosen geht, ist am falschen Ort.

Im Herzen von England dagegen, in den Cotswolds, dem Dreieck südlich von Birmingham, nördlich von Bath und um Oxford herum, wird man mit Rosen an jeder Ecke belohnt, an Herrenhäusern und Scheunen, in Vorgärten, über Mauern kletternd, bis zu den einfachen Hundsrosen in den Feldhecken. Von hier stammen die Pralinenschachtelbilder, bukolische Idylle vom Landleben im rosenumrankten Cottage. Ein Spaziergang durch die Dörfer von Burford, Broadway oder dem etwas weniger bekannten Snowshill, ausgesprochen *Snozil*, benutzt als Filmkulisse in *Bridget Jones' Diary* (deutscher Titel: *Schokolade zum Frühstück)*, wärmt das Herz eines jeden Englandfans und Rosenfreunds. Vor dem honig-, fast karamellfarbenen Gestein kommen die Blüten und Farben besonders gut zur Geltung. Das Gelb ist leuchtend, das Rot satt und das Weiß noch strahlender. Das sind die Bilder, die uns bewegen.

Auch wenn keiner der Gärten dieser Gegend ein reiner Rosengarten ist, so stehen doch die Rosen im Vordergrund. Ob Kletter-, Rambler- oder Strauchrosen, als Solitäre oder in den Rabatten verstreut, sie bleiben in der Erinnerung. Kiftsgate Court in der Nähe von Hidcote Manor ist inzwischen mehr für die gleichnamige Ramblerrose als für den Garten selbst bekannt. *Rosa filipes* 'Kiftsgate', gezüchtet 1964, tut genau das, was ihr Typus besagt: Sie wandert. Mit ausreichenden Entwicklungsmöglichkeiten bedeckt sie Wände und erobert Bäume. Dabei sind die espressountertassengroßen, cremig-weißen Blüten dezent, sogar zurückhaltend und erst in der Masse beeindruckend. Es ist genau das, die natürliche Schönheit und der selbstverständliche Einsatz, was die Rosen in England meiner Meinung nach auszeichnet. »Bescheidene« Rose mag widersprüchlich klingen, aber sie sind die besten, sie überwältigen weder in Duftnote noch in Farbe, stechen auch nicht unangenehm hervor, sondern fügen sich ein und bereichern das Gesamtbild.

Es ist daher nicht überraschend, dass eine wahre englische Dame als Englische Rose beschrieben wurde: zart, aber erstaunlich kräftig, von blassem, beinahe makellosem Teint mit feinem Gesichtsausdruck und aufrechter Haltung, fähig, in der passenden Umgebung aufzublühen und mit ihrer Schönheit zu brillieren.

Genau wie bei den Rosen ist sie nämlich romantisch, leicht nostalgisch, wenn nicht sogar altmodisch, verspielt, nie dominant und einfach zeitlos. Qualitäten, die zum Ebenbild einer Engländerin gehören.

Schaut man, welche Rosen in den Gärten vorkommen, könnte man vermuten, es gäbe eine ungeschriebene Regel, denn manche Sorten und Züchtungen wiederholen sich von Anlage zu Anlage. Wie ein alter Freund, scheint 'Rambling Rector' in jedem Dorf vertreten zu sein. 'New Dawn', europaweit beliebt, schmückt die Fassaden von bescheidenen ebenso wie grandiosen Häusern, genauso wie die französische Noisette-Kletterrose 'Madame Alfred Carrière'. Strauch-, Kletter- und Ramblerrosen sind ganz offensichtlich in der Überzahl. Sie sind auch eindeutig bessere Partner in den »mixed borders«, den gemischten Rabatten, wo Stauden, Sträucher, Ein- und Zweijährige sowie Blumenzwiebeln zusammengewürfelt werden, als die Edel-, T-Hybriden oder Bodendeckerrosen, die am besten pur unter sich wirken. Die Suche nach der perfekten Rose, krankheitsresistent, mit gesundem Laub, zarter Duftnote, mehrfachblühenden und regenfesten Blüten, ist der Heilige Gral von Rosenzüchtern. David Austin* hat es sich zu seinem Lebenswerk gemacht, und heute ist ein englischer Garten nicht vollkommen ohne seine »Englischen« Rosen.

Getrieben von dem Wunsch, die optimale Rose für englische Verhältnisse zu entwickeln, rief David Austin einen neuen Rosentyp ins Leben. Diese Kreuzung ausgewählter alter sowie moderner T-Hybriden und *Floribunda*-Rosen, entwickelt seit Mitte

---

* David Austin Roses Ltd, Bowling Green Lane, Albrighton, Wolverhampton WV7 3HB, www.davidaustinroses.com

der 60er Jahre mit inzwischen weit über 200 Sorten, bereichert nunmehr weltweit die Gärten. Das Familienunternehmen, gegründet 1969 mit Hauptsitz in Albrighton bei Wolverhampton, nördlich von Birmingham, ist ein Mekka für Rosenfans. Der firmeneigene Rosengarten ist eine Reise wert und eine mehr als ausreichende Entschädigung für die strapaziöse Autofahrt entlang der stark befahrenen Autobahn M6.

Mit dem Schlagwort »Neue Rosen in alter Tradition« wird jedes Jahr zur Chelsea Flower Show eine neue zartduftende, remontierende Rose mit schönem Blattwerk und strauchartiger Wuchsform präsentiert. Rosenfans werden nie enttäuscht, und ein Besuch der Chelsea Show ist nicht vollkommen, ohne David Austins Ausstellungsstand mit Hunderten von Gleichgesinnten zu bewundern und das neueste Mitglied der Familie zu begutachten.

Was hebt die Englischen Rosen von anderen ab? Sind nicht die modernen Rosen oder die klassischen französischen genauso gut im Garten? Zum einen ist die Farbpalette der Kollektion einfach verführerisch, für jede Farbnuance gibt es etwas Passendes. Dabei können die Bilder in der Broschüre und die Farben der Blüten am Ausstellungsstand, die durch das künstliche Licht und den beschleunigten Wuchs im Glashaus immer von einem etwas anderen Farbton geprägt sind, nur als Anhaltspunkt dienen. Wer auf Nummer sicher gehen will, dem wird geraten, die Schattierungen und die Entwicklung von der Knospe bis zur Blüte in natura, das heißt im Freien, mit anderen Pflanzen zu betrachten.

Dank des oft geäußerten Kundenwunschs, Rosenpflanzen in voller Blüte erwerben zu können, bieten gute Gärtnereien und

Gartencenter ab Mitte Mai eine kleine Auswahl von Englischen Rosen als Containerpflanzen an: Strauch-, sogar Hochstamm- und Kletterrosen, die Letzteren samt kleinem Bambusgerüst. Ein kluger Marketingzug, denn Pflanzen in Blüte verkaufen sich besser. Für diejenigen, die nur die Farbtöne prüfen oder die Kombination mit anderen Pflanzen ausprobieren wollen, ist es ideal. Nicht einmal die Augenbrauen werden gehoben, wenn ich mit Pflanzen durch Castle Gardens spaziere und sie in Gruppen arrangiere, begutachte und anschließend alles außer der Rose an ihren Verkaufsplatz wieder zurücktrage. Ich kann Rosen natürlich nicht widerstehen, sie gehören eindeutig zu einer meiner Schwächen, und auch wenn ich selber keine brauche, verschenke ich sie gern anstelle eines Blumenstraußes.

Allein die Namen der Englischen Rosen sind faszinierend. Benannt nach wichtigen Personen der Gartenwelt, englischer Literatur oder Orten, rufen die Bezeichnungen sofort ein Bild hervor. 'Windrush' mit zartgelben üppigen Blüten ist, wie ihr Namenspate, der kleine Fluss, der gemütlich durch altenglische Orte wie Bouton on the Water und Burford auf dem Weg zur Themse fließt, meist ruhig, aber wenn er viel Wasser führt, lebhaft und sprudelnd.

Drei von Austins Rosen sind für mich der Inbegriff des Charakters der Englischen Rosen und fangen auch die Stimmung eines »englischen« Gartens ein: 'Gertrude Jekyll', 'Constance Spry' und 'Graham Thomas'. Hier kommt alles zusammen: Blütenpracht, Farbe und Wuchsform, gekrönt von einem würdigen Namen, der sofort Assoziationen weckt. Denn alle drei haben unsere Vorstellungen von einem englischen Garten beeinflusst, wenn nicht sogar bestimmt. Inspiriert durch die Cottage-Gärten begann Gertrude Jekyll Ende des 19. Jahrhunderts eine Art der Pflanzverwendung, die unsere Vorstellung von englischen Gärten heute noch prägt. Sie war eine große Befürworterin der Verwendung von Rosen, als Rambler an Wänden und als Strauchrosen zwischen den Blumenbeeten, wo sie an Rankhilfen oder einfach über gebogenen Haselzweig-Kuppeln drapiert wurden. Aber ihr entscheidender Beitrag war die Berücksichtigung der englischen Lichtverhältnisse und damit die Auswirkung auf die Farben von Blumen. Als Künstlerin verstand sie das besser als andere und nutzte es für ihre Kompositionen. Bedingt durch den Breitengrad und die hohe Luftfeuchtigkeit ist das Licht auf den Britischen Inseln diesiger, milchiger, selten klar und auch im Sommer flacher. Die Farben wirken daher weicher und gedämpfter. So konnte sie damals aus der Vielfalt von Rosen die besten für die jeweilige Komposition und den Standort aussuchen. Ihre Austin-Rose, entwickelt 1986, zeigt viele der Attribute, die sie so geschätzt hat. Sie fängt mit kleinen Knospen an und öffnet zu Rosetten von eng bepackten tief-rosa Blütenblättern, die in blaupinken oder purpurnen Kombinationen hervorragend ausschauen.

David Austins erste Englische Rose 1961 wurde nach Constance Spry benannt. Für viele Ausländer und junge Gärtner ein unbekannter Name, ist sie in floristischen Kreisen eine der größten und bedeutendsten Persönlichkeiten. In den 50er und 60er Jahren leistete Mrs. Spry wegweisende Arbeit auf dem Gebiet der Floristik. Durch ihre Artikel, Bücher, Seminare und Schulungen inspirierte sie Generationen von Floristen. In den oft grauen und tristen Nachkriegsjahren brachte Constance Spry wieder Blumenschmuck ins Haus, sah den Garten als Quelle für Blühendes und weihte Hausfrauen in die Geheimnisse der floristischen Künste ein. Dreiecksaufbau, Gleichgewicht und Harmonie in der Komposition, Grünwerk als Hintergrund für Prachtblüten, sind Bestandteile eines gelungenen Arrangements, etwas, was in jeder Dorfkirche landauf landab auch heute noch zu sehen ist. Ihre Rose wurde ebenso wie 'Gertrude Jekyll' aus einer alten Hybridrose entwickelt. Kräftig wachsend, häufig als Kletterrose gepflanzt, mit rosa, großblumigen Blüten, ist sie ideal für die Vase.

Eine weitere wichtige Person der englischen Gartenszene war der Autor und Rosenliebhaber Graham Stuart Thomas. Über viele Jahre zuständig für die Gärten von National Trust, ist er verewigt in einer von David Austins beliebtesten Rosen. Er war aber weit mehr als nur Verwalter. Er leistete entscheidende Beiträge zur Erhaltung und Rettung vieler Gärten, die wir heute bewundern, Mount Stuart in Nordirland, Hidcote Manor Garden, wo er die inzwischen berühmte »rote Rabatte« anlegte und restaurierte und, ganz im Sinn von Miss Jekyll, ihr langes Prachtbeet in Cliveden. Rosen waren seine Leidenschaft, insbesondere alte Strauchrosen, die er auch sammelte und die heute in Mottisfont Abbey ihr Zuhause haben. Ein ruhiger, bescheidener Mann mit einem enormen Wissen, der 94 Jahre alt wurde, zeigt seine Rose viele seiner Attribute: üppige Blüte, ohne opulent zu sein, langanhaltend und auch im Verblühen von einer bestechenden Schönheit. Ob als Strauch-, Hochstamm- oder Kletterrose, die tiefgelbe remontierende Blüte ist einfach einmalig.

Bei mir steht 'Graham Thomas' im Vorgarten als Hochstamm, an einem Ende im gelb-orange-rotem Farbspiel, umrahmt von Brandkraut *(Phlomis russeliana)*, Montbretien *(Crocosmia* 'Lucifer') und *Geum* 'Mrs. Bradshaw', und am anderen Ende mit fedrigem, luftigem Fenchel und Scheinastern zusammen. Zwei verschiedene Farbzusammenstellungen, aber durch die kräftigen Rosen verbunden. 'Graham Thomas' war nicht nur die erste Rose, die ich für meinen Garten kaufte; auch das erste Buch, das ich für mein Studium erwarb, war sein Werk, nämlich *Plants for Ground-Cover**, inzwischen oftmals durchgeblättert, aber immer noch in Gebrauch.

Bei allem Englischen sollten wir den Beitrag der Franzosen nicht vergessen. Die Wechselwirkung zwischen den beiden Ländern, die nur durch einen Streifen Wasser getrennt sind, pendelt zwischen Begeisterung und Abscheu. Eine Hassliebe, die die Kultur beider Nationen kennzeichnet und bereichert. Was wäre Ascot ohne Champagner und London ohne das Ritz. Eine gute Portion Frankreich ist auch in den englischen Gärten vertreten. Man braucht nur die Rosenkataloge von Peter Beales, Harkness und sogar David Austin durchzublättern, um festzustellen, wie hoch der Anteil von Rosen französischen Ursprungs ist: 'Charles de Mills', die extravagante, scharlachrote, gallische Rose, 'Fantin-Latour', benannt nach dem berühmten französischen Maler Henri Fantin-Latour (1836–1904), der naturgetreue Ölgemälde von Blumen, vor allem Rosen, malte, zu einer Zeit, als die Impressionisten im Kommen waren. Seine Rose, eine zarte flauschige, leicht flach gedrückte Blüte erinnert an eine Cancan-Tänzerin in pinkfarbenem Rock und hat eine starke Verwandtschaft mit seinem Rosenbild von 1895. 'Président de Sèze' von 1836, mit einzigartigem Lila, purpurpink, eine ins Violett übergehende Blume, hat mein Spalier erobert und blüht lieber nach

---

* Graham Thomas, *Plants for Ground-Cover*, Reprint 1971, London

Süden zu meiner Nachbarin hin als auf meine Seite. Eine weitere beliebte Alte Rose in der scheinbar endlosen Liste, die in den englischen Gärten immer wieder auftaucht, ist die Bourbonrose (nach der Insel Bourbon, jetzt Réunion, im Indischen Ozean benannt) 'Souvenir de la Malmaison' von 1843. Sie erinnert mich immer an blasse, feine Empire-Gesichter. Monsieur Béluze, der in Lyon wohnende Züchter, war so besessen von seiner Rose und voller Angst, dass jemand seine neue Rose stehlen würde, dass er allen Besuchern auf den Fersen blieb. Was würde er wohl zu der jetzigen Verbreitung sagen? 'Félicité-Perpétue', auch in der Masse stets elegant und wohlgeformt, mit Trauben von duftenden, weiß-cremigen Blüten, und wuchernde lachsfarbige 'Albertine', gehören zu den weiteren Favoriten, ohne die die englischen Gärten einfach nicht vollkommen wären.

In England nehmen die französischen »Gäste« eine lockerere und lässigere Erscheinung an als in ihrer Heimat, wo entweder die Rosen unter sich in beeindruckenden Rosarien oder in den Privatgärten in edlen grün-weißen Kombinationen, die stets ausgereift, bedacht und schick wirken, zusammengestellt werden. In der Normandie gedeihen beide Stile, der »englische« wie der »französische« nebeneinander, etwas, was im Hinblick auf die gemeinsame Geschichte der Länder nicht überraschen sollte. Durch die Eroberung Englands 1066 von Wilhelm, Herzog der Normandie, waren beide Länder über 100 Jahre vereint. Ein Erbe, das auch heute noch spürbar ist, etwa in den französischen Ortsnamen für englische Dörfer wie Hatch Beauchamp, ausgesprochen *Beecham*, Beaulieu, bekannt als *Bjulie* oder Mischungen wie Ashby-de-la-Zouch.

Kein Wunder, dass dann solche Paarungen verschiedener

Herkunft auch in den Gärten zu finden sind. In »Jardins d'Angelique« bei Rouen in der Normandie ist der hintere Teil des Gartens französisch und der vordere Bereich »englisch« angehaucht. Hier ergänzen sich Lockerheit und Strenge auf ideale Art. Einer der besten und frühesten Jekyll-Gärten ist »Les Bois des Moutiers« in der Nähe von Dieppe und in Sichtweite (bei gutem Wetter) der englischen Küste. Gepflegt und geschätzt von der gleichen Familie, Bouchayer-Mallet, die ihn ursprünglich in Auftrag gegeben hat, ist der Geist von Gertrude Jekyll noch heute spürbar. Spaziert man im Rosen- oder Sonnenuhrgarten, meint man, man wäre in England. Rosen kennen eben keine Grenzen.

Die Apfelgärten von Somerset

Auch das Dairy House hatte früher seinen eigenen Apfelgarten, korrekt gesagt Schweine-Streuobstwiese, oder wie es einfach auf Englisch hieß »Pig Orchard«. Unter 1 Hektar groß, gegenüber vom Haus auf der anderen Seite der Straße, aber im Blickfeld der Hauptaufenthaltsräume, schliefen die Schweine unter dem Schatten der gleichmäßig aufgestellten Apfelbäume und räumten das Fallobst auf. Äpfel und Schweine ergeben eine Partnerschaft, eine Symbiose, die es seit Jahrhunderten gibt und heute, so wie die Streuobstwiesen selber, vom Aussterben bedroht ist. Im Falle von »Pig Orchard« begann das Aus bereits in den 60er Jahren, als ein Bungalow, würdig einer indischen Teeplantage, im rückwärtigen Teil gebaut wurde. Die Obstbäume standen noch lange als Erinnerung an die frühere Nutzung, nunmehr steht das eindeutige Ende bevor. Ein Bauantrag für die Errichtung von zwei Wohneinheiten wurde eingereicht und damit wird das Straßenbild der Cary Street und der Grünwert der Umgebung sich erheblich verändern. Nur der Name »Little Orchard« würde auf die ursprüngliche Nutzung hinweisen, und wieder einmal würde ein Stück Dorflandschaft und Tradition verschwinden. Dieses Schicksal wiederholt sich landauf landab. Bedingt durch ihre Lage am Dorfrand fallen Streuobstwiesen als Erste dem Bauboom zum Opfer. Dass dabei ein wichtiges Stück Grün und Kulturgeschichte verschwindet, zählte bis vor Kurzem kaum. Aber wenigstens in North Cadbury hat die Geschichte fast ein glückliches Ende. Die Vernunft hat sich durchgesetzt, und der Planungsausschuss wie auch in höherer Instanz der Planungsinspektor lehnte, gegen die Empfehlung der Planungsbehörden und den Einspruch des Bauherrn, den Bauantrag als Verstoß gegen das Ortsbild sowie den Sinn und Zweck der Erhaltungssatzung ab. So ist »Little Orchard« wenigstens theoretisch vorübergehend als Grünfläche gesichert, und da die regierende Koalition gleich zu Beginn ihrer Amtsperiode die Einstufung von Gärten als bebaute Fläche rückgängig gemacht hat, um so die weit verbreitete Praxis von »Gärten schnappen« zu verhindern, dürfte wohl die Zersiedlung und der Schwund von Grün in North Cadbury vorläufig gebremst worden sein. Es ist eine Ironie, aber erst jetzt, da Streuobstwiesen zur Seltenheit geworden sind, erkennt man allmählich ihren Wert. Sie bilden einen grünen Gürtel um die Dörfer, eine Übergangszone zwischen der Bebauung und den Feldern, teils Garten und teils Kulturlandschaft, wo Vieh weiden und Hühner herumlaufen.

In kaum einer anderen Grafschaft prägen die »Orchards« das Landschaftsbild so sehr wie in Somerset. Sie bestimmen den Rhythmus, gliedern die Felder und fungieren als Anker, auch wenn sie teilweise nur als Relikte vorhanden sind. In ihrer Addition besitzen sie eine Kraft und Ausstrahlung, die einen inzwischen der Vergangenheit angehörigen Lebensstil hervorrufen. Somerset ohne die Streuobstwiesen wäre undenkbar. Auch wenn es fast zu spät ist, kämpfen Gemeinden um ihre Erhaltung, lassen sie unter Landschaftsschutz stellen. Dies ist möglich, wenn seltene, alte Mostapfelsorten vorhanden sind. Vereine zum Schutz der »Orchards« wurden gegründet. Aber während die Erhaltung und Neuanlage von einer Abteilung durch Zuschüsse und Veröffentlichungen gefördert wird, erteilt eine andere die Abriss- und Fällgenehmigung. Koordination war noch nie die Stärke der englischen Behörden.

Was haben Streuobstwiesen an sich, dass sie so fest im Gemüt verankert sind und sofort romantische und sommerliche Stimmung hervorrufen? Liegt es an dem rastermäßigen Anbau, der zwar im Prinzip gleichmäßig, aber in der Realität alles andere ist? Oder vielleicht an den Werken bekannter Schriftsteller, die mit Worten Bilder malen, oder sogar an etwas Ursprünglichem wie dem Garten Eden? Wie es auch sei, haben »Orchards« ihren eigenen Charakter und ihre eigene Ausstrahlung. Die Bäume drehen und neigen sich, wie sie wollen, und bilden dadurch eine malerisch geordnete Anarchie. Hier steht etwas mit ganzjähriger Wirkung. Nicht nur im Frühling bei der Blüte und im Herbst, beladen mit Früchten, üben die Bäume eine fast magische Anziehungskraft aus, sondern auch im Winter, wenn sie wie Skelette gegen den Himmel stehen und ihre Silhouetten wie Scherenschnitte anmuten.

Einen Mostapfelgarten anzulegen ist eine Wissenschaft für sich. Die Anordnung von 16 bis 24 Bäumen pro Hektar, jeweils in 6 bis 8 Metern Abstand gesetzt, ist dabei das Einfachste, die Auswahl der Arten stellt jedoch eine ganz andere Schwierigkeitsstufe dar. Hier zählt nicht nur die Befruchtung der Bäume untereinander, sondern auch der Säuregrad des Obstes, denn die

Frucht ist nicht prädestiniert für die Küche, sondern ausschließlich zum Mosten.

Ziel ist es, ein ausgewogenes, rundes Getränk mit individueller Note herzustellen. Um die Auswahl zu vereinfachen, sind die Sorten der kleinen, oft harten und kugeligen Mostäpfel in Gruppen gegliedert: bittersüß, süß, scharf und bitterscharf mit jeweiligen Zwischenstufen. Eine Wissenschaft für sich, die inzwischen in mehreren Büchern zum Thema wurde, wie *A Somerset Pomana** von Liz Copas. Die Auflistung aller Most-, Koch- und Essapfelsorten füllt Bücher. Eines der wertvollsten und von Sammlern gesuchten Bücher ist *Herefordshire Pomana*, 1876 bis 1885 herausgegeben und damals in limitierter Auflage veröffentlicht. Erstellt als Hommage an das ursprüngliche *Pomana*, ein Buch über Äpfel und Birnen aus dem 17. Jahrhundert, ist es eine wunderschöne, bebilderte Dokumentation von all den damaligen Apfelsorten, viele mit wohlklingenden und vielversprechenden Namen wie 'Lord Lambourne' oder 'Pitmason Pineapple', jeder Apfel einzigartig in Aussehen und Geschmack.

Jede Grafschaft war für bestimmte Sorten bekannt, die dann über die Grenzen verkauft wurden. Somerset-Züchtungen wie 'Somerset Redstreak', ein milder, bitter-süßer Mostapfel, rot mit hellen Streifen, und auch der aus dem 18. Jahrhundert stammende Sämling 'Yarlington Mill', beide ursprünglich aus dem Umkreis von North Cadbury, werden auch heute noch angeboten von Cider Apple Trees**, einer kleinen Baumschule am Rande

---
* Liz Copas, *A Somerset Pomana, The Cider Apples of Somerset*, Wimborne Minster, 2001
** www.ciderappletrees.co.uk

von North Cadbury. Allein die Namen von den erhältlichen historischen Sorten versetzen einen in eine andere Zeit zurück: 'Stembridge Clusters' – hier kann man sich die traubenartigen hängenden Äpfel vorstellen –, 'Filbarrel', offensichtlich ergiebig, und 'Improved Dove', mit der Geschmacksnote mild-bittersüß.

Hauptanliegen des Bauern war nicht das Aussehen des Apfels, sondern das Endprodukt, der Cider, der Apfelmost oder, wie er hierzulande oft heißt, »Scrumpy«, der früher sogar als Lohn für die Tagesarbeit gezahlt wurde: 1 ½ bis 2 Liter täglich und zum Heumachen 3 bis 4 Liter. Heute fast unvorstellbar, war sauberes Trinkwasser Mangelware, und Cider wurde als die gesunde Alternative betrachtet. Damals braute jeder Bauer seinen eigenen Cider in der Scheune, der im Geschmack von Feuerwasser, Essig bis hin zum Saft variierte. Manche »Scrumpy« waren gewöhnungsbedürftig, und Eigenproduktion ist nach wie vor mit Vorsicht und in beschränkten Mengen zu genießen. Mischt man diese mit anderen alkoholischen Getränken, sind Kopfschmerzen und Übelkeit garantiert. Neben Herefordshire ist Somerset immer noch Hauptproduzent des Getränks und Shepton Mallet ist die Zentrale. Hier wurde »Babycham®« 1957 erfunden, der Champagner der Birne, ein geniales Getränk, das den Zeitgeist des Aufschwungs der Nachkriegszeit so gut widerspiegelte. Noch immer steht das Babycham-Reh im Vorgarten der Brauerei und lugt zwischen dem Gebüsch hervor.

Jedesmal beim Vorbeifahren werde ich an meine Kindheit erinnert, als das Motiv des funkelnden, leicht frechen gelben Rehs so bekannt war wie Mickey Mouse. Damals galt die Babycham-Fernsehwerbung als fortschrittlich und neuartig, eine kleine Episode, in der der neue, moderne Lebensstil vorgestellt wurde.

Der Marktanteil von Cider ist geschrumpft. Von den vielen Produzenten sind nur noch wenige vorhanden, und noch weniger befinden sich in Familienbesitz, die ihre eigenen Streuobstwiesen pflegen und die Früchte verarbeiten. Aber es gibt Lichtblicke, einzelne Retter der Cider- und damit Orchard-Kultur.

An der Spitze der Renaissance steht Julian Temperley, ein Visionär und Idealist, der im tiefsten Süd-Somerset, wo die Hügellandschaften auf die Feuchtwiesen treffen, Quadratkilometer von Apfelstreuobstwiesen neu angelegt hat. Hier tickt für mich das Herz von Somerset. Burrow Hill Cider* verkörpert die Essenz vom Landleben und füllt sie in Flaschen ab. Wie alles, was wirklich gut ist, ist das Namensschild bescheiden, die Einfahrt selbstverständlich und die Anlage zweckmäßig mit einem einzigartigen rustikalen Charme. Wie ein alter, heißgeliebter, oft getragener Pulli, der seine eigene Patina entwickelt hat, schmiegen sich die Bauten um den Hof, der zum Südwesten offen ist. Von hier erblickt man zwischen den Reihen der Mostbäume und den gesamten Hang hinunter noch mehr Bäume, so weit man sehen kann, alles Apfelbäume. Insgesamt zirka 60 Hektar, verteilt über die Umgebung zwischen Burrow, Kingsbury, Episcobi und East Lambrook, und irgendwo in diesem Schlaraffenland sind die Schweine, die ein Königsleben führen.

Benannt nach dem kaum über 80 Meter hohen, busenrunden Hügel, bekrönt mit einem solitären kinderbuchwürdigen Bergahorn, der auch auf den Etiketten des Kingston-Black-Cider-

---

* The Somerset Cider Brandy Company Ltd. & Burrow Hill Cider,
Pass Vale Farm, Burrow Hill, Kingsbury Episcopi, Martock TA12 6BU,
www.ciderbrandy.co.uk

Sekts abgebildet ist, wird hier mehr als nur Cider produziert. Ganz passend zum Ort ist der »Shop« einzigartig. Wie in einer Aladin-Höhle für Mostfans findet man alles und mehr rund um den Apfel. Dunkel, leicht feucht und eingetränkt mit einer unverwechselbaren Apfelnote, ist es wie ein Schritt zurück in eine fast vergessene Welt, eine permanente, provisorische Verkaufsfläche. Leckerer Apfelsaft, Cox, Bramley und Russet, abgefüllt in Flaschen, versehen mit Etiketten, die jegliche überzogene Grafik vermeiden, steht aufgereiht auf dem Tisch. Dazu Flaschen-Cider gemischt aus elf Apfelsorten, alle versehen mit dem bunten Hausetikett. Für den wahren Cider-Fan stehen hinten im Raum riesige 500-Liter-Sherry-Eichenfässer, gefüllt mit Cider, trocken (Mund zusammenziehend: sehr trocken, nur für Kenner etwas), medium (eher zum trockenen neigend) und süß (mit leichter Säure-Unternote), die man in die eigenen oder in große 5-Liter-Plastik-Kanister abfüllen kann.

Was Burrow Hill auszeichnet, sind die Spezialitäten des Hauses, wie der elegante, nach Champagner-Methode hergestellte Kingston Black Sparkling Cider, der für jedes Gartenfest geeignet ist. Seit 1989 hat Julian Temperley die Erlaubnis, Brandy herzustellen, ein gewagtes Experiment für einen Kleinproduzenten, der jetzt neben dem 3-jährigen einen 5-, 10- und auch 15-jährigen Cider-Brandy anbietet, der sogar mit den Franzosen konkurrieren kann.

Mein persönlicher Favorit ist der Kingston Black Apple Aperitif, der sogar auf der *Concorde* serviert wurde. Mit ein paar Würfeln Eis serviert, weich, mit hervorragendem rundem Geschmack, schmeckt man den Sommer heraus. Wie bei einem Weinkeller kann der Besucher alles kosten und, falls man noch etwas ganz Besonderes als Andenken an Somerset haben möchte, gibt es die Keramik-Krüge von John Leach, der in Muchelney die Tradition der Gebrauchskeramik fortsetzt, abgefüllt mit Brandy. Mit seinem bunten 70er-Jahre-Hippie-Bus, der, wenn nicht im Einsatz, seitlich am Hof neben Josephine, der alten französischen Brandy-Presse abgestellt ist, ist Burrow Hill auch auf Glastonbury vertreten, wo je nach Witterung Glühcider angeboten wird.

Julian Temperley ist nicht Einzelkämpfer der Somerset-Orchards, es gibt auch andere Leute, wie meinen Nachbarn Mr. Smith, die in kleinerem Maßstab ihren Beitrag leisten. Er sammelt Streuobstwiesen (und Oldtimer-Traktoren), etwas, was ich völlig verstehen kann, denn ein kleiner, vielleicht mit 20 Bäumen bestückter »Orchard« samt zwei Gloucester-Old-Spot-Schweinen steht auf meiner Wunschliste. Erst dann werden der Garten, das Haus und die Landidylle vollendet sein.

Verlagsgruppe Random House FSC® N001967
Das für dieses Buch verwendete FSC-zertifizierte Papier *EOS* liefert Salzer, St. Pölten.

7. Auflage 2014
Copyright © 2010 Deutsche Verlags-Anstalt, München,
in der Verlagsgruppe Random House GmbH
Alle Rechte vorbehalten
Umschlag-, Vorsatzgestaltung und Illustration: Binette Schroeder, München
Layout und Satz: Monika Pitterle/DVA
Gesetzt aus der Adobe Garamond Pro
Druck und Bindung: Friedrich Pustet, Regensburg
Printed in Germany
ISBN 978-3-421-03794-7

www.dva.de